COMITÉ DES NOTAIRES DES DÉPARTEMENTS

NOTE

SUR LE

Projet de loi concernant les partages d'ascendants

EXTRAIT

DES

CIRCULAIRES DU COMITÉ DES NOTAIRES

DES DÉPARTEMENTS

CIRCULAIRE NUMÉRO 258, PAGE 482.

Partages anticipés.

Au Congrès de la propriété Foncière en 1892, les partisans du Livre Foncier n'ont cessé de nous répéter que la propriété était souvent mal assurée, et, comme le disait M. Dupin, « que l'on n'était jamais sûr d'être propriétaire et celui qui prête d'être remboursé ». Nous leur avons victorieusement démontré qu'ils avaient tort et qu'en France la propriété n'était pas si mal assise.

Il y a cependant un point sur lequel nos adversaires pouvaient élever un doute, c'était lorsqu'il s'agissait de biens provenant d'un partage anticipé.

Les père et mère ont fait donation à leurs enfants de tous leurs biens immeubles, à titre de partage entre vifs (art. 1075 et 1076 C. civ.). L'acte a été transcrit.

Du vivant des donateurs, les donataires trouvent à vendre les immeubles qui leur ont été attribués ou ils veulent les hypothéquer. Ils en ont évidemment le droit ; mais ces aliénations ou constitutions d'hypothèques restent soumises aux actions révocatoires et rescisoires des articles 954, 1078, 1079, 1080 du Code civil, et à l'action en annulation pour inobservation des dispositions des articles 826 et 832 du même Code.

Est-il possible en pratique, — et comment, — de supprimer ou d'atténuer les inconvénients que présente l'exercice de ces actions, au point de vue de l'aliénation et de l'emprunt hypothécaire ?

Dans la mesure où cela est impossible, quelles modifications conviendrait-il de proposer à la législation du Code civil ?

Telles sont les questions que nous avons été chargé d'examiner.

Avant d'en commencer l'étude, il convient d'en limiter l'étendue.

D'abord, nous ne nous occuperons que du partage entre vifs et non du partage testamentaire, dont les effets sont ajournés au décès du donateur, qui est essentiellement révocable et qui ne transmet aux enfants aucun droit actuel.

Nous n'avons pas davantage à envisager les actions en nullité ou en rescision, dont les partages anticipés peuvent être l'objet, comme tous les autres actes, pour vice de forme ou de consentement, pour erreur, dol ou violence.

Mais en dehors de ces actions, le législateur a reconnu que, dans ce pacte de famille, dans cette sorte de succession anticipée, des erreurs spéciales, des préférences injustes pouvaient s'introduire et qu'il fallait y pourvoir.

En effet :

Si le partage n'a pas été fait entre tous les enfants existant à l'époque du décès du donateur et venant à sa succession,

Si l'un des copartageants éprouve une lésion de plus du quart,

Si, enfin, dans la composition des lots, l'ascendant favorise l'un de ses enfants, de manière à dépasser la quotité disponible.

Le partage est vicié aux yeux du législateur et il peut être attaqué par ceux des enfants qui éprouvent un préjudice (art. 1078 et 1079 du C. civ.).

A ces trois faits, la jurisprudence de la Cour de cassation en a ajouté un quatrième. Si le père n'a pas observé l'égalité en nature, en donnant à chaque enfant sa part de meubles et d'immeubles, le partage peut être également attaqué pour violation de l'article 826 du Code civil.

Il convient donc de s'occuper particulièrement des actions révocatoires, rescindantes ou rescisoires, qui atteignent les partages entre vifs, et non seulement eu égard aux difficultés qu'elles soulèvent et qui sont un des points les plus controversés de notre droit civil, mais surtout à cause de l'instabilité du droit de propriété qui peut en résulter.

Jetons à présent un coup d'œil rapide sur ces diverses actions.

I. *Les partages d'ascendants sont d'abord soumis à l'action révo-catoire, de la part des donateurs, pour inexécution des conditions sous lesquelles ils ont été faits.* — Aux termes de l'article 953 Code civil, l'ascendant peut, comme tout autre donateur, demander la révocation de sa libéralité pour cause d'inexécution des conditions. Le partage entre vifs produit, entre l'ascendant et les enfants, lés mêmes effets qu'une donation ordinaire. L'ascendant donateur peut imposer à sa libéralité diverses charges et notamment le paye-ment de ses dettes. Il peut se réserver une pension viagère ou tout autre avantage.

En cas d'inexécution de ces charges, à défaut de payement des dettes, de prestation de la pension viagère ou des autres avantages stipulés, l'ascendant peut, bien qu'il se soit dessaisi irrévocable-ment des biens compris dans la donation, demander la révocation de sa libéralité. Et cette action en révocation s'exerce dans les mêmes conditions et produit les mêmes effets que lorsqu'elle est intentée contre une donation ordinaire. Une fois cette révocation prononcée, le donateur a le droit de revendiquer les immeubles donnés entre les mains des « tiers détenteurs » et de les faire ren-trer dans son patrimoine « libres de toutes charges et hypothèques du chef du donataire » (art. 954 C. civ.).

Relativement aux effets de cette révocation, notons, en passant, que la doctrine et la jurisprudence sont divisées sur la question de savoir si cette révocation pour inexécution des conditions, encou-rue par l'un des enfants, a pour effet de réagir contre les autres do-nataires, en rendant nécessaire un nouveau partage. Ce n'est pas notre avis en pratique (1).

L'action révocatoire n'appartient qu'à l'ascendant donateur. Les donataires peuvent convenir entre eux de certaines charges, telles que soultes, condition et stipulations diverses. L'inexécution de ces charges n'autorise pas le copartageant à demander l'annula-tion du partage, mais seulement à réclamer l'exécution des condi-tions stipulées qui est garantie par le privilège établi par l'arti-cle 2109 du Code civil (2).

II. *Les partages d'ascendants sont, en outre, révocables pour cause d'ingratitude.* — Comme les donations ordinaires, les parta-

---

(1) Bordeaux, 4 décembre 1871 ; Besançon, 23 mars 1880 ; S. 81, 2, 92 ; D. 81, 2, 15 ; Demolombe, XXIII, 141 ; Requier, 83 ; Baudry-Lacantinerie et Colin, 3618 ; En sens contraire : Douai, 25 juillet 1879, S. 81, 2, 44 ; D. 80, 2, 123 ; Aubry et Rau, § 733, note 4, Comp. Bonnet, 516, Huc, VI, 432.
(2) Cassation, 7 août 1860.

ges anticipés peuvent être révoqués pour cause d'ingratitude. Cette révocation doit être prononcée en justice, et son effet est limité à celui des donataires qui s'en est rendu coupable.

Contrairement à ce qui a lieu, en cas de révocation pour inexécution des conditions, « la révocation pour cause d'ingratitude ne préjudiciera, ni aux aliénations faites par le donataire, ni aux hypothèques, ni autres charges réelles, qu'il aura pu imposer sur l'objet de la donation » (art. 958 C. civ.).

Elle respecte les aliénations et hypothèques, pourvu qu'elles soient antérieures à l'inscription de l'extrait de la demande en révocation. Le donataire ingrat sera simplement condamné à restituer la valeur des objets aliénés. La révocation pour cause d'ingratitude n'a donc pas lieu de préoccuper la pratique, au point de vue des aliénations et des constitutions d'hypothèques.

III. *Les partages d'ascendants sont rescindables pour cause de lésion de plus du quart.* — Aux termes de l'article 1079, l'enfant lésé de plus du quart a le droit d'attaquer le partage d'ascendant.

La lésion s'apprécie uniquement, eu égard aux biens compris dans le partage et aux attributions faites à chacun des copartagés. Pour que l'un des descendants copartagés ait le droit d'attaquer le partage pour cause de lésion, il faut et il suffit que sa part soit inférieure de plus du quart à celle qu'il aurait dû obtenir dans une distribution des *biens partagés*, faite sur le pied de la plus stricte égalité (1). — Le copartagé qui se prétend lésé peut agir, lors même qu'il aurait toute sa réserve intacte et même au delà. Comme aussi, pour savoir s'il y a lésion, on considère seulement la masse des biens qui ont fait l'objet du partage, sans s'occuper des biens qui formaient la quotité disponible dont l'ascendant a pu disposer soit au profit d'un étranger, soit par préciput au profit d'un enfant (2).

Il est bien entendu que les copartagés peuvent arrêter les termes de l'action en offrant à l'enfant de réparer le préjudice que lui cause le partage attaqué, et ce supplément doit comprendre l'intégralité de ce qui manque au lot de la partie lésée pour assurer l'égalité du partage entre les divers copartagés (3).

Pour savoir s'il y a lésion, rappelons que l'on estime les biens d'après leur état au jour du partage entre vifs, d'après leur valeur

(1) Baudry-Lacantinerie,. *Donation entre vifs*, t. II, n° 3691.
(2) Demolombe, *Donation entre vifs*, t. VI, n° 176.
(3) Baudry-Lacantinerie, déjà cité, n°ˢ 3699-3700.

au jour du décès de l'ascendant et que les règles d'estimation sont communes aux meubles et aux immeubles (1).

Ce n'est que lorsque le partage est parfait, c'est-à-dire après le décès de l'ascendant qui l'a effectué, que l'action en rescision pour cause de lésion est, d'après la jurisprudence, possible et recevable. Jusque-là elle sommeille et, pendant la vie de l'ascendant, toute action intentée serait écartée par une fin de non-recevoir.

Par conséquent, jusqu'au décès de l'ascendant, rien de définitif, tout est en suspens. Cette solution n'est que le corollaire naturel de la théorie, d'après laquelle le partage d'ascendant ne constitue, pendant la vie du disposant, qu'une donation, une pure libéralité se transformant au décès, mais à cette époque seulement, en un partage de succession.

Quels sont les effets du partage rescindé pour cause de lésion ? — Le partage rescindé est considéré comme non avenu ; l'indivision est rétablie et il y a lieu de procéder à un nouveau partage. Les effets de la rescision réagissent à l'égard des tiers. Toutes les aliénations consenties par les copartagés, tous les droits réels, constitués par eux ou nés de leur chef sur les biens compris dans leur lot, tombent par l'effet de la rescision du partage, *resoluto jure dantis, resolvitur jus accipientis* (2). C'est là le point important qui nous occupe.

Le seul tempérament admis par la jurisprudence est le suivant : les effets de la rescision restent subordonnés aux résultats du nouveau partage. Si ce partage remet au lot de chacun des copartagés les biens qui y figuraient, en vertu des attributions du partage rescindé, les tiers ne devront supporter les effets de la rescision qu'autant que les biens, sur lesquels portaient leurs droits, ne seront pas remis dans le lot de leur auteur. C'est ce qu'a décidé la Cour de cassation qui a voulu atténuer la rigueur de sa jurisprudence et tenir compte dans une certaine mesure des intérêts des tiers, complètement sacrifiés (3).

Enfin, remarquons qu'aux termes de l'article 882 du Code civil, le créancier a le droit d'intervenir, à ses frais, au partage, et de s'opposer à ce qu'il y soit procédé hors de sa présence.

IV. *Les partages d'ascendants sont sujets à réduction pour atteinte portée à la réserve.* — Le partage d'ascendant peut être attaqué,

(1) Cassation, 15 mai 1876, 16 décembre 1878 et 2 juillet 1895.
(2) Cassation, 22 août 1877.
(3) Cassation, 26 juillet 1887.

dit le 2ᵉ alinéa de l'article 1079, « dans le cas où il résulterait du partage et des dispositions faites par préciput, que l'un des copartagés aurait un avantage plus grand que la loi ne le permet. »

Cet avantage, « plus grand que la loi ne le permet », est celui qui serait attribué par l'ascendant à un enfant qui, après avoir reçu par préciput et hors part toute la quotité disponible, serait encore avantagé dans le partage des biens réservés, en recevant une part plus forte que ses cohéritiers ; de sorte que cet enfant se trouverait avoir, en définitive, plus que sa part de réserve réunie à la quotité disponible. Le but de cette disposition, comme l'a déclaré Jaubert dans son rapport au Tribunat, est d'empêcher qu'un père ne puisse avantager son enfant, en lui donnant la quotité disponible et en faisant un partage inégal, avec la précaution de ne point excéder le quart.

Cette action est une simple action en réduction. La jurisprudence est depuis longtemps fixée en ce sens (1) ; et peu importe pour la pratique l'opinion contraire de la majorité de la doctrine. Que cette action soit une simple action en réduction et non une action en rescision du partage attaqué, cela est déjà un avantage pour les tiers acquéreurs et les créanciers hypothécaires des immeubles partagés, car s'ils risquent de voir leurs droits diminuer, ils ne risquent plus de les voir supprimer.

C'est seulement au décès de l'ascendant donateur que s'ouvre cette action en réduction. Les auteurs et les arrêts sont d'accord sur ce point.

L'existence de cette action constitue-t-elle une situation particulièrement défavorable pour l'acquéreur ou le créancier hypothécaire de biens donnés par partage d'ascendant ? — La situation du détenteur d'immeubles, qui les possède en vertu d'une donation-partage, est moins bonne que celle du détenteur d'immeubles partagés après la mort du *de cujus*. En effet, en cas de partage de succession, l'action en réduction, qui prend naissance au jour de l'acte, peut facilement être éteinte *ab initio*, entre les mains des cohéritiers réservataires eux-mêmes, car ces derniers, en les supposant tous maîtres de leurs droits, pourront y renoncer dans l'acte même de partage ; et en fait, l'intérêt de leur crédit leur impose cette renonciation. — Pratiquement, on peut donc considérer que cette action ne gênera ni les aliénations, ni les constitutions éventuelles d'hypothèques.

En matière de partage d'ascendant, tout autre est le résultat.

(1) Cassation, 17 août 1863 ; 16 avril 1875.

Pendant la vie de l'ascendant donateur, la situation ne peut être modifiée. L'action en réduction ne prenant naissance qu'à sa mort ; c'est seulement à partir de cette époque que l'héritier peut y renoncer.

Seulement, aux termes de l'article 930 du Code civil, les tiers acquéreurs ou les prêteurs ne peuvent être poursuivis en réduction ou en revendication, qu'après *discussion préalable des biens des donataires*, c'est-à-dire non seulement des biens donnés, qui seraient encore entre les mains de ces donataires, mais encore de leurs biens personnels. Les tiers n'ont donc rien à craindre, si les donataires sont solvables ; ils n'ont qu'à invoquer le bénéfice de discussion.

V. *Les partages d'ascendants sont nuls pour omission d'un enfant.* — « Si le partage, dit l'article 1078, n'est pas fait entre tous les enfants qui existeront à l'époque du décès et les descendants de ceux prédécédés, le partage sera nul pour le tout. »

Le partage d'ascendant doit nécessairement comprendre tous les enfants qui prennent part à la succession de l'ascendant, par conséquent, non seulement les enfants légitimes alors existants, mais aussi les descendants des enfants prédécédés, les enfants naturels légalement reconnus et aussi les enfants simplement conçus lors du décès de l'ascendant, pourvu qu'ils naissent viables.

Remarquons que c'est uniquement au décès de l'ascendant qu'il faut se placer. C'est à ce moment seulement que l'on peut savoir quels enfants ont le droit de venir à la succession. Par là même se trouvent exclus les enfants indignes et renonçant à la succession de l'ascendant. Il s'agit d'une véritable action en *nullité*, basée sur cette idée, qu'un partage anticipé ne peut détruire le droit primordial de succession.

Cette nullité est d'ordre public et il n'existe aucun moyen de la couvrir. Toute convention, tout arrangement quelconque, seraient sans aucun effet, comme tombant sous le coup de la prohibition du pacte sur succession future. Par conséquent, il est inutile de chercher, pour tourner la difficulté, une combinaison quelque ingénieuse qu'elle soit.

Le partage est nul pour le tout, par conséquent *inexistant*, et n'est susceptible d'aucune confirmation, ni ratification expresse ou tacite. Un nouveau partage peut être provoqué, sans qu'il soit nécessaire de faire prononcer la nullité de l'ancien. Et la demande de ce nouveau partage peut être faite par tous les intéressés, non seulement par l'enfant né postérieurement à l'ancien partage, mais encore par les enfants qui y avaient figuré.

Quels sont les effets de cette nullité absolue ? La nullité du partage entraîne l'anéantissement de tous les droits constitués par les copartageants sur les biens mis dans leur lot, quoique ces biens soient entrés dans le patrimoine des enfants du jour du partage et bien que ces derniers aient pu se considérer comme légitimes propriétaires. Toute aliénation est nulle et l'acquéreur est tenu de restituer *en nature* à la masse les biens qui lui ont été vendus par le donataire (1). Et la nullité du partage est tellement absolue, qu'il a été jugé par la cour de Lyon (2) que, même en renonçant à la succession de leur auteur, les enfants ne pouvaient pas retenir les biens donnés, objet du partage entre vifs, jusqu'à concurrence de la quotité disponible.

Toutefois, si, par l'effet du nouveau partage, les biens aliénés par l'un des copartagés se trouvaient dans le lot de l'aliénateur, l'aliénation ne devrait-elle pas être maintenue ? C'est l'opinion qui prévaut en jurisprudence, quand il s'agit de la rescision pour cause de lésion; et elle est trop manifestement équitable pour qu'on hésite à la généraliser (3).

VI. *Enfin les partages d'ascendants sont annulables pour inobservation des art. 826 et 832 du Code civil.* — C'est du moins ce que décide la jurisprudence de la Cour de cassation par une série d'arrêts (4). Elle a jugé que les partages d'ascendants sont annulables, s'ils ne sont point faits conformément aux dispositions des articles 826 et 832, c'est-à-dire si chaque lot ne comprend point une égale quantité de meubles et d'immeubles. Il serait désirable que la Cour suprême fût appelée à statuer sur la question toutes Chambres réunies. Dans tous les cas, les tribunaux et les cours d'appel ont fait une longue résistance, et un grand nombre d'auteurs parmi les plus autorisés ne se sont point résignés à suivre cette jurisprudence. Cette résistance est aussi logique que raisonnée.

Un père veut procéder au partage anticipé de ses biens. Il possède des capitaux et des immeubles : il lui paraît rationnel, pour satisfaire aux situations diverses de ses enfants, d'attribuer les immeubles aux uns et les capitaux aux autres. Les enfants auront vainement accepté cette distribution. Si le partage est attaqué, il

(1) Riom, 14 décembre 1886.
(2) Arrêt du 6 mars 1878.
(3) Baudry-Lacantinerie, t. II, n° 3688.
(4) Cassation, 11 août 1856, 24 juin 1868, 25 février 1878 et 16 novembre 1885.

sera déclaré nul, parce que les règles prescrites par l'article 832 n'auront pas été observées. Et cependant peut-on équitablement soutenir que ce partage est contraire à l'intérêt des enfants (1) ?

Le chapitre du Code civil relatif aux partages d'ascendants ne fait aucune mention de cette cause de nullité. L'article 832 n'établit pas une règle générale pour tous les partages, mais une règle exceptionnelle pour les partages judiciaires. Ce que fait l'ascendant, c'est l'opposé d'un partage judiciaire ; c'est un partage de convenance et de famille, un véritable partage d'attribution. La loi a voulu, comme disait Bigot de Préameneu, que les père et mère qui, mieux que personne, connaissent la valeur, les avantages et les inconvénients des biens qu'ils délaissent, puissent « composer les lots en tenant compte des besoins et même des prédilections de leurs enfants ».

La tendance de la jurisprudence nous conduit au morcellement infini de la propriété foncière, à l'émiettement du sol, qui est un danger ; car, ainsi que le constatait l'enquête agricole de 1879, « le morcellement excessif de la propriété rend la grande culture « de plus en plus difficile, faute de bras, chaque petit propriétaire « trouvant à s'occuper chez lui, ne va plus travailler chez le « voisin. » La division du sol qui certainement produit de bons effets, au point de vue de la diffusion de l'aisance, est généralement reconnue comme suffisante aujourd'hui, pour donner satisfaction à tous les désirs bien légitimes du petit cultivateur et de l'ouvrier. Il faut tenir compte aussi de l'intérêt général et de la production nationale et reconnaître que la propriété foncière qui est la base de notre fortune nationale ne peut plus être exploitée d'une manière fructueuse qu'à la condition d'avoir une certaine étendue.

Enfin, pourquoi ne pas respecter la volonté suprême de l'ascendant qui, ainsi qu'on l'a répété, est le meilleur juge en pareille matière ? Comme l'a écrit un grand romancier, « il faut que la « volonté des morts s'accomplisse, c'est par là qu'ils se survivent et « comptent encore parmi nous ».

Comme conclusion, nous dirons avec Baudry-Lacantinerie (1) : « Si la cause de nullité qui nous occupe existait dans la loi, il « faudrait solliciter le législateur de l'en faire disparaître : à plus « forte raison, ne doit-on pas l'y introduire quand elle ne s'y trouve « pas. »

---

(1) Circulaire 122 du Comité des Notaires des départements. Pages 88 à 93. — Assemblée générale du 24 octobre 1866.
(2) Tome II, *Donation entre vifs*, n° 3778.

— 12 —

Il importe de signaler certains tempéraments que la jurisprudence apporte à la rigueur du principe qu'elle a proclamé. D'abord la première restriction est relative au cas où le partage en nature est impossible. L'article 832 n'édicte la règle, même pour les partages judiciaires, que dans la mesure du possible, c'est-à-dire qu'autant que les biens à partager peuvent être divisés commodément et sans dépréciation. Seulement remarquons que, conformément à la jurisprudence de la Cour suprême, c'est au juge de fait qu'il appartient d'apprécier, suivant les circonstances, que l'ascendant n'a pas le droit de constater cette impartageabilité et que les copartagés n'ont pas le pouvoir de la reconnaître.

Comme seconde restriction, la jurisprudence admet l'intérêt des enfants et comme troisième restriction elle reconnaît la légitimité des clauses pénales.

Ces clauses pénales ne sont-elles pas un moyen pratique de parer à la nullité des partages anticipés, pour violation des articles 826 et 832 ? C'est ce que nous verrons bientôt.

Enfin l'ascendant peut très bien rester étranger à la composition des lots, qui peut être l'œuvre exclusive des enfants, car les articles 826 et 832 ne sont applicables, ainsi que l'a décidé la Cour de cassation (1), qu'autant que l'ascendant est intervenu dans la composition et le règlement des lots. Nous verrons si nous n'avons pas là un second moyen légal d'échapper à cette dernière cause de nullité.

A quél moment s'ouvre cette action en nullité pour inobservation des articles 826 et 832 du Code civil ? Au décès de l'ascendant et il faut que les enfants soient héritiers pour s'en prévaloir.

Quant aux effets de cette action, ils sont les mêmes que dans le cas de rescision pour lésion. Dans les deux cas, le partage est annulé, les biens rentrent dans l'indivision ; les enfants doivent procéder à un nouveau partage et les tiers subissent les conséquences de l'annulation comme en matière de rescision pour lésion.

Après l'analyse des diverses actions révocatoires, rescindantes et rescisoires et des nullités, auxquelles se trouvent soumis les partages d'ascendants, il reste à examiner très sommairement quels sont les caractères de ces diverses actions et nullités, combien de temps elles durent, comment elles peuvent être couvertes et quand elles sont prescrites.

(1) Arrêt du 16 novembre 1885.

Ecartons d'abord l'action en révocation pour cause d'ingratitude, puisque la loi a eu soin de dire que cette révocation ne préjudicierait ni aux aliénations, ni aux hypothèques et autres charges réelles, pourvu que le tout fût antérieur à l'inscription de l'extrait de la demande en révocation (art. 958 C. civil).

Les actions en nullité pour omission d'un enfant et en réduction pour atteinte portée à la réserve sont d'ordre public ; et tout arrangement, toute convention, toute clause pénale seraient contraires au principe de l'article 1600 du Code civil, interdisant tout traité sur succession future et aux articles 791 et 1130 du même Code.

L'action révocatoire pour inexécution des conditions, l'action en rescision pour cause de lésion et enfin la dernière action, celle en annulation pour violation des articles 826 et 832 du Code civil, ne sont pas d'ordre public. Ces nullités sont simplement relatives et introduites dans l'intérêt des parties lésées. Il est donc permis d'y porter remède par des stipulations, des combinaisons et des clauses pénales.

L'action en nullité pour omission d'un enfant et l'action en réduction pour atteinte portée à la réserve ont, l'une et l'autre, pour point de départ la date du décès de l'ascendant. C'est de cette époque que court le délai de trente ans pour la prescription de l'action. Remarquons seulement que, si l'on considère avec plusieurs auteurs l'action pour atteinte à la réserve comme une action en rescision du partage pour cause de lésion, au lieu d'une action en réduction, comme le décide la jurisprudence, la prescription de dix ans de l'article 1304 deviendrait applicable.

L'action révocatoire pour inexécution des conditions s'ouvre par la demande de résolution de la donation, faite en justice par l'ascendant, et l'exercice de cette action n'est que l'exécution de l'action résolutoire tacite, qui se trouve dans tous les contrats (article 1184). Sa durée est celle de droit commun, c'est-à-dire de trente ans (art. 2262). Cette action étant introduite uniquement dans l'intérêt du donateur, ce dernier est libre non seulement de l'exercer ou non, mais même d'y renoncer.

Les actions en rescision pour cause de lésion et en annulation pour violation des articles 826 et 832 du Code civil ont pour point de départ, ainsi qu'il a été dit, le décès de l'ascendant. La durée de la prescription, susceptible d'éteindre ces actions, est de dix ans, conformément à l'article 1304 du Code civil.

Ces diverses actions en rescision ou en réduction et ces nullités ne peuvent-elles pas être couvertes et éteintes ? — Il faut évidemment

répondre non, relativement aux deux actions en nullité pour
omission d'un enfant et en réduction pour atteinte portée à la
réserve. La première, l'action en nullité, n'est point susceptible de
ratification ou de confirmation, expresse ou tacite, le partage étant
nul (1). Comme dit Baudry-Lacantinerie « on ne confirme pas le
néant ». Quant à l'action en réduction pour atteinte à la réserve,
sont but étant d'assurer l'application du principe d'ordre public de
la réserve, auquel l'ascendant ne saurait déroger, ce dernier ne
peut, ni directement, ni indirectement en entraver l'exercice. Les
clauses pénales, qui seraient insérées dans un partage d'ascendant,
pour empêcher l'exercice de ces actions, devraient être considérées
comme non écrites, par application de l'article 900 du Code
civil (2).

L'action révocatoire pour inexécution des conditions peut être
facilement éludée. Cette action est purement contractuelle, d'ordre
privé. Elle répond seulement à une clause tacite du contrat et
découle simplement de l'interprétation légale de la volonté du
donateur.

Dès lors, celui-ci a le droit de renoncer à son action révocatoire ;
et s'il a pris inscription hypothécaire sur les immeubles donnés,
il pourra consentir mainlevée de cette inscription. Comme aussi
le copartagé, qui aura un privilège en vertu de l'article 2109,
n'aura qu'à renoncer à ce privilège et à donner mainlevée de son
inscription.

Les actions en rescision pour cause de lésion et en annulation
pour violation des articles 826 et 832 du Code civil peuvent être
couvertes et éteintes par des renonciations ou confirmations, en se
conformant à ce sujet aux règles de droit commun.

Ces diverses actions, dont nous venons d'étudier les effets et les
caractères, *se présentent-elles souvent dans la pratique ? Donnent-elles lieu à beaucoup de difficultés et de procès ?*

Il est possible que, théoriquement, cette institution des partages
entre vifs, participant à la fois du droit successoral et du droit de
donation, présente des difficultés et donne lieu à de vives contro-
verses entre juriconsultes.

Mais, dans la pratique, les partages d'ascendants ne sont pas
attaqués, parce que personne n'a intérêt à le faire. Ils réalisent
parfaitement le but du législateur, qui voyait dans cette institution un pacte de famille tendant à prévenir les embarras et les

(1) Besançon, 23 mars 1880.
(2) Baudry-Lacantinerie, *Don.*, tome II, nº 3767.

procès, et proclamait qu'il importait de « conserver cette manière simple et régulière de faire les partages ».

Examinons brièvement les arguments donnés contre les partages entre vifs par leurs détracteurs et les réponses faites par leurs partisans et défenseurs.

Ils ne servent, disent les uns, qu'à dissimuler les avantages frauduleux faits au profit de l'un des enfants et ils ne préviennent pas les dissentiments, car, n'embrassant que les biens présents, ils nécessitent des partages complémentaires. D'un autre côté, les enfants, par crainte de perdre la quotité disponible, acceptent des conditions contraires à leurs intérêts, sauf à discuter et à contester après le décès des donateurs.

On répond que la valeur des biens donnés étant toujours facile à contrôler, le père, qui voudra avantager un de ses enfants, emploiera d'autres moyens, comme le don manuel, par exemple. Les partages complémentaires ne portent le plus souvent que sur du mobilier corporel ou des titres de bourse, dont la valeur ne peut donner lieu à discussion. Et si, en général, les donateurs ne cherchent pas à violer la loi, les enfants de leur côté savent défendre assez énergiquement leurs intérêts pour ne pas accepter telle ou telle clause qui pourrait leur nuire.

Les adversaires des partages anticipés disent aussi qu'ils portent une grave atteinte à l'autorité du père de famille et le mettent à la merci de ses enfants, dont il peut craindre l'ingratitude.

On répond que les enfants dénaturés sont l'exception et que, d'ailleurs, le père de famille peut toujours prendre des garanties.

On reproche enfin aux partages anticipés de favoriser l'agglomération des biens.

Ce reproche n'est pas fondé. Quand ils ont lieu dans les familles riches, ce qui est fort rare, ils ont pour résultat de diviser les grandes propriétés. Lors, au contraire, qu'ils se produisent, comme c'est la généralité des cas, dans les familles de cultivateurs ou de propriétaires de la classe moyenne, ce n'est pas là que l'on peut craindre une trop grande agglomération de la propriété. Ils ne servent qu'à éviter un morcellement excessif et à conserver un centre d'exploitation, sans lequel toute amélioration agricole est impossible (1). Les démissions de biens, disait Boullenois, « sont « plus ordinaires parmi le menu peuple, et la raison en est que « les familles riches trouvent, en conservant leurs biens, le secours « que les autres attendent en les abandonnant. »

(1) Réquier, *Traité du partage d'ascendant*, n° 4.

Il convient donc d'encourager les partages d'ascendants. Les législateurs les ont toujours considérés comme un des modes de transmission propres à prévenir la mobilité des familles et à conserver les domaines et les centres d'exploitation (1).

Bigot de Préameneu les envisageait « comme le dernier et l'un des actes les plus importants de la puissance, de l'affection des père et mère, et comme devant avoir sur le sort des familles une grande influence »; et le tribun Jaubert y voyait un grand bienfait de la loi.

La grande enquête agricole de 1866 fut très explicite à cet égard. M. de Monny de Mornay constate dans son Rapport général « que « l'un des points sur lequel on a le plus insisté a été l'utilité des « partages d'ascendants ». Et la presque unanimité des déposants à cette enquête a demandé que ces partages fussent favorisés par tous les moyens possibles.

Ainsi qu'on l'a remarqué avec raison (2), une institution qui, comme les partages d'ascendants, remonte à la plus haute origine, a traversé tous les âges, a survécu à tous les changements de législation, qui a été respectée et pratiquée, malgré la diversité des temps et des mœurs, doit nécessairement répondre à un besoin réel de la société.

Le partage d'ascendant offre, en effet, de nombreux avantages.

Il peut même être nécessaire, en permettant de ne jamais laisser la terre entre des mains faibles et débiles, impropres à la féconder et à l'exploiter convenablement. Au moyen du partage prématuré de ses biens, un ascendant vieux et infirme se décharge d'une administration devenue onéreuse pour lui. Au lieu d'en confier la gestion à des mains étrangères, il en fait le partage entre ceux qui devaient les recueillir plus tard. Il en évite le dépérissement et assure le plus souvent, au moyen du service d'une rente viagère, le repos de sa vieillesse.

En divisant lui-même son patrimoine entre ses enfants, le père de famille peut prévenir les discordes que les partages de succession font souvent naître entre les cohéritiers; il pourvoit chacun de ses enfants de lots conformes à leurs goûts et à leurs aptitudes.

S'il laisse des enfants mineurs, il leur épargne les frais et les lenteurs d'un partage judiciaire, que leur incapacité eût rendu inévitable.

(1) Enquête agricole de 1866. Rapport de M. Migneret.
(2) Réquier, *Traité des partages entre vifs*, Introduction n° 2.

Que se propose-t-on dans ces sortes d'arrangements ? Les contractants veulent, disait Me Rousseau dans son Rapport au Comité sur l'enquête agricole de 1866 (1), prévenir les difficultés, transmettre amiablement et économiquement les petits domaines, conserver la propriété et l'améliorer, ajouter un élément puissant et utile d'extension du crédit des enfants, perpétuer dans la famille le domaine qui est le drapeau patrimonial, assurer enfin aux pères de famille des moyens d'existence qu'ils ne peuvent plus trouver dans le travail.

En résumé, l'institution des partages d'ascendants n'est donc pas seulement utile à la famille, elle est essentiellement favorable au développement de la prospérité publique et principalement aux progrès de l'agriculture (2). Seulement, pour qu'elle puisse rendre les nombreux services que l'on est en droit d'attendre d'elle, il serait à souhaiter qu'on lui restituât son caractère primitif en laissant plus d'autorité à l'ascendant et que la doctrine et la jurisprudence cessassent d'appliquer à ce pacte de famille les prescriptions rigoureuses du partage judiciaire. En effet, le législateur, confiant dans l'affection et la sagesse du chef de famille, l'avait autorisé à faire lui-même le partage et la distribution de ses biens.

Qu'ont fait, au point de vue spécial qui nous occupe, les diverses législations étrangères ? — Jetons un coup d'œil rapide sur les codes étrangers.

D'après le Code italien, la donation-partage est soumise aux mêmes causes de révocation que la nôtre, y compris la lésion dans sa double application. Le Code italien distingue entre la condition résolutoire ordinaire, dont l'effet est absolu (art. 1079) et celle qui résulte de l'inexécution des charges (art. 1080). Cette dernière respecte les droits acquis aux tiers. La révocation pour ingratitude ou pour survenance d'enfant ne préjudicie pas aux tiers (art. 1088). C'est donc une satisfaction donnée aux idées de crédit public.

Le Code civil Espagnol reconnaît les trois causes de révocation de notre code. Il ne donne pas d'effet contre les tiers à la survenance d'enfant (art. 645) et à l'ingratitude (art. 649). Il fait, au contraire, rétroagir contre les tiers l'inexécution des conditions (art. 647). Quant à la lésion, dans les partages faits par le défunt

(1) Circulaire du Comité des Notaires des Départements, no 122 (tome IV), p 89 et 90.
(2) Réquier, déjà cité. Introduction, no 1.
(1) Réquier, Introduction, no 5.

(art. 1075), elle ne permet d'attaquer le partage que si cette lésion porte atteinte aux droits des réservataires ou que si la volonté du défunt a été de l'admettre comme cause de nullité. D'après le Code civil espaguol, l'action en rescision pour lésion ne fait pas nécessairement tomber le partage ; on peut éviter la rescision, en désintéressant le cohéritier lésé (art. 1077).

Dans le Code mexicain, les causes de révocation, qui sont identiques à celles que nous reconnaissons, ne produisent pas d'effet contre les tiers. Après révocation, le donataire doit seulement la valeur des biens aliénés ; les hypothèques subsistent, s'il en a été constitué.

Voilà encore une grande concession faite au crédit public.

Dans le Code civil portugais, la révocation des donations n'est pas opposable aux tiers. Cette règle est applicable, soit à la survenance d'enfants, soit à l'ingratitude, soit à la révocation ou réduction pour inofficiosité (art. 1484-1489-1501). Le partage ne peut être rescindé que dans les cas où les contrats peuvent l'être. L'omission d'un héritier (art. 2165) n'entraîne pas la rescision, mais oblige seulement à fournir à cet héritier la part qui lui est due.

Le nouveau Code civil allemand, qui date de 1896 et est exécutoire depuis le 1er janvier 1900, règle le testament-partage, mais ne prévoit pas à notre connaissance la donation-partage. — Dans la théorie générale des donations, la révocation pour survenance d'enfant n'est pas admise. Le Code allemand admet la révocation pour ingratitude, mais seulement pour le cas d'homicide. Il admet aussi la révocation pour inexécution des conditions ; seulement le droit de révocation cesse lorsque, par suite de vicés, la valeur de l'objet donné est devenue inférieure aux charges, car alors il n'y a plus de donation (art. 526). — Remarquons, en passant, que le nouveau Code civil allemand cherche à être complet, et prévoit, autant que possible, tous les cas, sans laisser trop à faire à la jurisprudence.

Enfin signalons, en finissant, le système des Codes autrichien et prussien, dans lesquels, au lieu de considérer comme une cause absolue de révocation le refus d'aliments de la part du donataire au donateur tombé dans l'indigence, la loi se contente, dans ce cas, d'obliger le donataire à payer au donateur une rente annuelle de 6 0/0 de la valeur des biens donnés.

Comme conclusion de cette analyse très sommaire des législations étrangères, constatons que la plupart ont cherché, sans cependant organiser rien de très absolu ni d'efficace, à sauvegarder les droits des tiers et à assurer le crédit public. — C'est également l'idéal que nous poursuivons (1).

Abordons à présent la question importante, qui est le but de notre étude, et demandons-nous s'il est possible en pratique, — et comment, — de supprimer ou d'atténuer les inconvénients que présente, au point de vue de l'aliénation et de l'emprunt hypothécaire, l'exercice des diverses actions révocatoires, rescindantes ou rescisoires. Recherchons successivement si la pratique peut et comment elle peut parer aux dangers que cause l'éventuel exercice de chacune de ces actions.

1° Il y a d'abord la *révocation pour inexécution des conditions*. Cette action étant purement contractuelle et d'ordre privé, comme nous l'avons vu, le donateur a le droit d'y renoncer et, s'il a pris inscription sur les immeubles donnés, il est libre d'en donner mainlevée. Le notaire pourra insérer, dans l'acte de partage anticipé, la clause suivante ou toute autre analogue : les donateurs seront tenus, en cas de vente ou d'emprunt par les enfants donataires, de consentir renonciation à leur action révocatoire, pour inexécution des conditions, et de donner mainlevée de leur inscription hypothécaire, sous l'obligation pour les donataires de fournir d'autres garanties, que l'acte de partage peut prévoir, fixer et régler d'avance.

Nous entendons les partisans des garanties à outrance se récrier. Les garanties, diront-ils, doivent être fortifiées au profit de l'ascendant, plutôt que diminuées à son détriment. Les enfants aiment beaucoup à avoir les biens de leurs parents, mais ils n'aiment pas à payer les rentes et prestations promises. La renonciation au droit de résolution n'est pas recommandable. Si elle est rassurante pour les tiers, elle est menaçante pour l'ascendant, qui court le risque de se trouver un jour en présence de donataires insolvables. Il ne s'est dessaisi que sous la réserve de rentrer en possession des biens donnés, si les conditions de la donation n'étaient pas observées.

Ces considérations sont évidemment fort justes et ont une grande valeur. Cependant, il est facile de répondre que l'ascendant est le meilleur juge en pareille matière, que dans certains cas il peut ne

---

(1) Dans le projet de réforme hypothécaire présenté par M. Darlan, garde des sceaux, auquel le Comité a collaboré, on a cherché à supprimer certaines causes d'éviction, et assujetti — à la publicité — certaines autres.

consentir à la renonciation de son action, que contre bonnes garanties équivalentes, et que s'il a pris inscription hypothécaire pour garantir sa pension viagère, sa mainlevée peut n'être que partielle et limitée.

2° La *révocation pour ingratitude*, comme nous l'avons vu, n'est pas opposable aux tiers (art. 958). Elle ne nous préoccupe donc pas. C'est du reste celle qu'il serait le plus facile de supprimer, comme l'ont fait déjà certaines législations étrangères.

3° Nous passons à la 3ᵉ cause de rescision des partages d'ascendants, *la lésion de plus du quart.*

Il est essentiel, dit-on, de maintenir la rescision pour lésion, dans les deux hypothèses visées par l'article 1079. Quiconque connaît les propriétaires des campagnes sait très bien, ajoute-t-on, qu'ils ne feraient que des partages lésifs pour certains de leurs enfants, s'ils avaient un moyen quelconque de mettre leur acte à l'abri de l'action en nullité ou en réduction, suivant les opinions. Ces critiques peuvent être vraies dans certains cas particuliers, mais il y a là une très grande exagération. Nous sommes tentés de dire, avec Montesquieu : « J'aime les paysans ; ils n'ont pas assez d'esprit pour raisonner de travers. »

Que cela ne nous empêche pas d'examiner quels moyens il conviendrait d'employer avec la législation actuelle, pour rendre, sinon impossible. du moins très rare, l'action en rescision pour cause de lésion.

Si la loi était à modifier, on pourrait proposer un remède, qui consisterait, à s'assurer que le partage est équitable et cela au moment même où le partage est fait. Mais, pour atteindre ce but, il faudrait une procédure longue et coûteuse. C'est le moyen préconisé et adopté par le droit civil suisse, pour certains cantons, dans lesquels le partage d'ascendant ne se fait qu'avec l'intervention du tribunal ou de son président.

Mais plusieurs autres moyens légaux, admis en doctrine et en jurisprudence, peuvent être conseillés.

D'abord, l'ascendant peut très bien stipuler, comme condition de la donation qu'il fait, que, dans le cas d'inégalité dans la composition des lots, établie aussi équitablement que possible, il donne, par préciput et hors part, aux copartagés appelés à bénéficier des lots plus avantageux, l'excédent de valeur que ces lots pourraient présenter sur les lots des autres copartagés. Mais il faut évidemment que ces inégalités laissent à chacun des copartagés l'intégralité de sa réserve. Cette clause n'est pas contraire à l'ordre public, qui oblige simplement l'ascendant à donner à chacun de ses enfants la part à laquelle il a droit (1).

Ensuite, l'ascendant a le droit d'édicter dans le partage une clause pénale contre ceux de ses descendants qui attaqueraient le partage pour cause de lésion de plus du quart. Cette clause serait licite et obligatoire, pourvu que les attributions ne portassent aucune atteinte à la réserve (2).

Enfin, il y a un moyen, en cas de partage d'ascendant, de faire courir du jour de l'acte, comme en matière de partage ordinaire, le délai de dix ans pour la prescription de l'action rescisoire pour cause de lésion. En d'autres termes, il est possible de placer les acquéreurs et créanciers hypothécaires de biens donnés par un ascendant à titre de partage anticipé, dans la même situation que les acquéreurs ou créanciers hypothécaires de biens, provenant d'un partage ordinaire.

Au lieu de faire un seul acte, contenant toutes les opérations du partage d'ascendant et notamment la division des biens donnés, le notaire dresse deux actes. Par un premier acte, l'ascendant fait donation de ses biens à ses enfants, en ayant soin de déterminer « et de fixer la part à laquelle les donataires auront droit dans chacun des immeubles et biens donnés, sauf à eux à faire cesser l'indivision, s'ils le jugent convenable à leur intérêt ». Ce sont les propres termes de l'arrêt de cassation du 14 février 1832. — Par un second acte, un acte de partage ordinaire, les enfants devenus propriétaires des biens donnés en opèrent entre eux le partage. L'ascendant reste étranger à cette opération et ne concourt pas à l'acte, car il importe que la division des biens et autres arrangements faits par les enfants ne soient pas le résultat d'obligations ou de conditions imposées par l'ascendant (3).

La *division matérielle* des biens donnés n'est pas indispensable pour qu'il y ait partage d'ascendant. La raison est que le but poursuivi par le législateur, qui est d'éviter les difficultés entre héritiers, se trouve atteint dès que l'ascendant a réglé de son vivant le droit héréditaire de chacun de ses enfants et déterminé par avance la dévolution de sa succession. L'Administration de l'enregistrement a longtemps refusé le tarif réduit au partage d'ascendant, qui ne contenait qu'une attribution de quotité, sans divi-

---

(1) Montpellier, 6 mars 1871. — Baudry-Lacantinerie, n° 3701. — Réquier, n° 188, et Laurent, t XV, n° 127.

(2) Cassation, 22 juillet 1874.

(3) Cassation, 24 juin 1872. — 23 décembre 1874. — 29 janvier 1877. — 16 novembre 1885. — 23 mars 1887. — 10 mars 1897. — Lyon, 6 mars 1878, — Besançon, 11 février 1882.

sion matérielle des biens. Mais elle a dû abandonner cette doctrine et accorder le bénéfice du tarif réduit, établi par la loi du 16 juin 1824, aux partages d'ascendants, contenant attribution de quotité à chaque donataire (un tiers, un sixième, etc.) (1).

Dès lors, l'action en rescision du partage se prescrit par dix ans, à compter du jour du second acte, et peut être éteinte du vivant même de l'ascendant donateur. Pour les tiers, la situation est identique au cas où l'ascendant serait décédé et où les tiers auraient à traiter avec des héritiers propriétaires de leurs immeubles, en vertu de leur droit successoral et d'un partage ordinaire.

Les seuls inconvénients de cette combinaison, qui est ingénieuse, sont les suivants. D'abord, l'opération est à la merci de l'appréciation des juges de faits, qui, d'après les circonstances et divers modes de preuves, peuvent décider que les partages, cessions et autres arrangements convenus entre les donataires, ne font qu'un avec la donation, et le tout pourrait être frappé de nullité, comme violant, au moyen d'une combinaison détournée, le principe de l'article 1079 (2). — Ensuite, cette organisation de deux actes n'est plus possible, lorsque parmi les donataires se trouvent des mineurs. Dans ce cas le partage d'ascendant unique s'impose.

4° Une quatrième cause de rescision ou de réduction des partages d'ascendants est *l'atteinte portée à la réserve.*

Nous avons vu qu'il s'agit en pareille matière d'une question de réserve, c'est-à-dire d'ordre public, et que, par conséquent, l'ascendant ne saurait y déroger et ne pourrait pas par une clause pénale, même avec l'acceptation des enfants, entraver l'exercice de cette action. Seulement cette action, qu'il s'agisse de réduction, comme le décide la jurisprudence, ou bien de rescision, ainsi que le soutiennent certains auteurs, peut être éteinte avant l'expiration des 10 ou 30 ans de prescription, par l'application des règles relatives à la confirmation des actes annulables (3). Mais la confirmation comme la renonciation du reste ne peut valablement intervenir qu'après la mort de l'ascendant.

C'est donc toujours l'incertitude de la propriété pendant un certain temps.

5° Nous arrivons à la cinquième cause de nullité, *l'omission* ou

(1) Cassation, 29 mars 1831. — 15 février 1832. — 26 mars 1836. — 11 avril 1838. — Rouen, 21 mars 1878. — Délibération de la Régie du 24 novembre 1846. — Maguéro. *Traité des droits d'enregistrement*, partage d'ascendant, n°s 183-185.

(2) Besançon, 11 février 1882. — Cassation, 29 janvier 1877. — 23 mars 1887.

(3) Cassation, 14 mars 1886. — Toulouse, 26 juillet 1878.

la survenance d'un enfant, encore existant au décès du donateur et venant à sa succession. Nous avons dit à ce sujet qu'il s'agissait du droit même de succession, c'est-à-dire d'une question d'ordre public et qu'il était inutile de chercher une combinaison, quelque ingénieuse qu'elle fût. C'est une nullité qui pèsera toujours sur la donation-partage, jusqu'au jour du décès de l'ascendant. C'est à ce jour seulement que l'on peut savoir quelles personnes ont le droit de venir à la succession.

Il paraît tout à fait inadmissible qu'une donation-partage soit valable, si elle ne comprend pas tous les enfants qui seraient et seront appelés à prendre part à la succession. On ne voit pas par quoi on pourrait remplacer le droit qui appartient à l'enfant tard venu, sans sacrifier ses intérêts.

On pourra proposer de ne donner à l'enfant omis ou tard venu, qu'une simple action personnelle contre ses cohéritiers au lieu d'une action en nullité ou action réelle. Cette proposition aurait, à mon avis, peu de chance d'aboutir, car elle pourrait avoir le grave inconvénient de placer l'intéressé en face de cohéritiers, qui seraient ou se rendraient insolvables.

On me dira : pourquoi ne pas suivre l'exemple de certaines législations étrangères, qui, comme la législation allemande, ont supprimé l'action en révocation pour survenance d'enfant.

Mais la différence sur ce point, entre les législations française et allemande, n'est-elle pas la conséquence de la différence du régime des successions en vigueur dans les deux pays ? La révocation des donations pour cause de survenance d'enfant, introduite dans notre Code civil, ne dérive-t-elle pas de l'espèce de droit, que la loi reconnaît aux enfants sur le patrimoine des parents, de la stricte égalité qu'elle se propose de maintenir entre les enfants, égalité à laquelle on attribue le morcellement exagéré de la propriété en France ? Ne doit elle pas subsister jusqu'au jour où la législation rendra au père de famille une plus grande liberté pour disposer à son gré de ses biens ? Tant *il est vrai* que toutes les parties d'un même Code sont solidaires les unes des autres.

Si cette cinquième cause de nullité n'a pas actuellement de remède, constatons au moins qu'elle est fort rare dans la pratique (1).

6° Enfin, les partages d'ascendants sont annulables pour inobservation des articles 826 et 832 du Code civil.

---

(1) Nota. — J'ai reçu pendant mon exercice de notaire un très grand nombre de partages entre vifs, et en 25 ans je n'ai vu se présenter le cas qu'une seule fois.

Nous avons constaté que cette cause de nullité n'était pas écrite dans la loi et encore moins dans l'esprit du législateur; et que c'est en faussant, pour ainsi dire, l'esprit de la loi, que la jurisprudence l'avait introduite. Il n'est pas douteux, par conséquent, que l'observation des articles 826 et 832 n'est pas une règle d'ordre public.

Les ascendants ont évidemment le droit, dans l'intérêt même des enfants, d'écarter l'application de ces articles, de même que les enfants peuvent déclarer, lors du partage, que celui-ci est conforme à leurs intérêts. Ces stipulations et déclarations, que l'on pourrait au besoin conseiller, seraient parfaitement valables, pourvu qu'il soit constaté, en fait, que les biens n'étaient pas commodément partageables ou ne pouvaient être partagés sans une notable détérioration (1). Seulement, ces appréciations ne lient pas les juges du fait, qui ont le droit de les contrôler souverainement (2).

Le remède n'est donc pas complet. Il conviendrait d'ajouter les deux autres moyens suivants : d'abord, l'ascendant peut très bien édicter une clause pénale ayant pour but d'imposer à ses enfants le respect des attributions qu'il leur a faites, sans observer les règles des articles 826 et 832. Et comme le reconnaît Baudry-Lacantinerie (3), la jurisprudence (4) et les auteurs (5) décident qu'un enfant ne peut critiquer le partage effectué par l'ascendant, sans tomber sous le coup de la clause pénale, alors même qu'il ferait annuler le partage pour contravention aux règles des articles 826 et 832.

Enfin, le dernier moyen que nous avons déjà conseillé serait de faire deux actes. Les articles 826 et 832 ne s'appliquent qu'au partage entre vifs effectué par l'ascendant lui-même, c'est-à-dire à l'acte simple d'abandonnement des biens, et non au partage effectué par les enfants eux-mêmes, sans le concours de l'ascendant. Les enfants qui ont librement réglé la composition des lots, ne peuvent critiquer leur œuvre (6). Nous nous référons à ce que nous avons dit ci-dessus à propos de la lésion.

Résumons-nous :

1° La révocation pour inexécution des conditions peut facile-

(1) Aubry et Rau, p. 22. — Demolombe, nos 199 à 201. — Cassation, 8 août 1873; 26 décembre 1876 ; 25 février 1878 ; 23 novembre 1898.
(2) Cassation, 8 mars 1875. — Toulouse, 21 décembre 1883.
(3) No 3787.
(4) Cassation, 27 novembre 1867.
(5) Aubry et Rau, p. 26.
(6) Cassation, 29 janvier 1877 ; 16 juillet 1883.

ment être écartée par la renonciation de l'ascendant à son action révocatoire et la mainlevée de son inscription hypothécaire, sauf à l'ascendant à réclamer, s'il le juge nécessaire, d'autres garanties déterminées et fixées, à fournir par les donataires ;

2° La révocation pour ingratitude n'est pas opposable aux tiers ;

3° On peut parer à la rescision pour cause de lésion de plus du quart, soit par la donation, par l'ascendant de l'excédent de la valeur des lots, soit par la stipulation d'une clause pénale, soit en faisant deux actes, ce qui abrège les délais de prescription de l'action ;

4° Il n'y a pas de remède possible contre l'action en réduction ou en rescision pour atteinte portée à la réserve ;

5° Il en est de même pour la cinquième cause de nullité, omission ou survenance d'un enfant ;

Enfin, 6°, on peut remédier au danger éventuel de l'annulation pour inobservation des articles 826 et 832, soit en faisant déclarer par l'ascendant qu'il a agi uniquement dans l'intérêt des enfants en faisant reconnaître, par ces derniers, que le partage est conforme à leurs intérêts, pourvu que le tout soit l'exacte vérité, soit en faisant stipuler par l'ascendant une clause pénale, soit enfin en employant le système déjà préconisé de deux actes.

Tous ces moyens et systèmes, plus ou moins ingénieux, ne sont évidemment pas infaillibles ; et, en outre, les quatrième et cinquième causes de rescision et de nullité sont sans remède. Se pose la dernière question de notre étude : convient-il de proposer des modifications à la législation du Code civil actuel, et sur quels points ?

Nous entendons les partisans de l'état de choses actuel nous dire : où et pourquoi voyez-vous l'opportunité d'une réforme législative, tendant à faire disparaître l'indisponibilité, dont les biens, ayant fait l'objet d'une donation-partage, sont frappés entre les mains des enfants donataires pendant la vie des ascendants donateurs ? Faut-il se préoccuper outre mesure des conséquences fâcheuses, sous certains rapports, de cette indisponibilité ? — Sans doute, le crédit public est intéressé à ce que des immeubles ne soient pas mis, en quelque sorte, en dehors du commerce, même pour un temps limité. Mais, d'autre part, on ne doit pas se dissimuler que le principal avantage des donations-partages est de permettre la conservation dans une famille de biens patrimoniaux, d'immeubles, qu'un partage après décès en ferait sortir. Y a-t-il grand dommage à ce que les enfants donataires soient empêchés, par une indisponibilité temporaire, de défaire immédiatement, en aliénant ou hypothéquant les immeubles donnés, ce que les ascendants donateurs avaient entendu établir ? Les tiers, avertis par le notaire du danger de ces négociations, s'en abstiendront. Mais ces actions révocatoires, rescindantes, et rescisoires, qui frappent les partages entre vifs, ne sont-elles pas la conséquence, en quelque sorte nécessaire, de la nature même de l'acte de donation-partage ? N'est-il pas de l'essence de cet acte de ne transporter sur la tête des donataires qu'une propriété incomplète, soumise à de nombreuses causes de résolutions, et ne faut-il pas qu'il en soit ainsi pour sauvegarder les légitimes intérêts des donateurs, en cas d'inexécution des charges de la donation ou d'ingratitude, ou les intérêts non moins légitimes des membres de la famille que la donation-partage a pu léser ? Ces actions en révocation et en rescision ne peuvent avoir quelque efficacité qu'autant qu'elles conserveront le caractère d'actions réelles, et les transformer en actions personnelles équivaudrait à n'en laisser subsister qu'une vaine apparence.

Le Conseil d'État ne répondra-t-il pas, comme il l'a fait, lors des demandes de modification de l'art. 1097 du Code civil, conformément aux conclusions du rapporteur, M. Dupré, que l'innovation législative proposée troublerait l'économie de plusieurs dispositions de notre Code.

Il ne faut, dit-on, toucher au Code civil qu'avec une certaine prudence, même en prétendant porter remède à certaines imperfections que la pratique a pu découvrir.

Ces objections ont certainement leur importance. Mais, du moment où le partage d'ascendant est considéré, avec justes raisons, comme un acte si utile à l'agriculture, si nécessaire pour conserver la propriété et l'améliorer, du moment où le législateur semble avoir voulu l'entourer d'une faveur toute particulière, contrairement à la jurisprudence qui le traite avec une rigueur extrême, il importe d'en améliorer et d'en perfectionner l'organisation. Qui veut la fin veut les moyens. Toutes les enquêtes agricoles, et notamment celle de 1866, ont insisté sur l'utilité des partages d'ascendants ; on a demandé que ces actes fussent favorisés par tous les moyens possibles. Il me semble que la meilleure réponse que l'on puisse faire aux diverses objections que nous venons d'indiquer, est l'avis unanime et favorable de ceux qui sont le plus intéressés à la bonne organisation de cette institution.

Deux moyens, écrivait Réquier (1), s'offrent pour réhabiliter

(1) Introduction, n° 6 *bis*.

l'institution des partages d'ascendants : un changement de jurisprudence ou une réforme législative. Les articles du Code, bien
compris et justement appliqués, ajoute-t-il, suffiraient pour rendre
aux partages d'ascendants toute leur efficacité. La saine interprétation des art. 1075 et suivants, et les principes de droit commun
auxquels ces articles se réfèrent nécessairement, devraient suffire
à résoudre toutes les questions soulevées. Mais il pourra s'écouler
bien des années avant que la jurisprudence de la Cour de cassation ne se modifie. Et cependant, le mal dont on se plaint vient de
ce que la jurisprudence de la Cour suprême permet aujourd'hui
de faire annuler ou rescinder le partage d'ascendant le plus équitable, le plus conforme aux vrais intérêts des enfants. Ce mal ces-
serait le jour où les tribunaux pourraient repousser les attaques
dirigées contre ces pactes de famille, toutes les fois qu'elles ne
sont pas fondées sur un préjudice réel (1).

Comme nous sommes loin de l'esprit d'un arrêt de la Cour de
cassation du 4 février 1845, rappelé dans une circulaire du Comité
de 1866 (2), parlant du partage anticipé, qui n'est pour les ascendants « qu'un acte de justice paternelle, de magistrature domes-
« tique, de présuccession, plutôt que de pure libéralité, un pacte
« de famille du plus haut intérêt pour les ascendants et descen-
« dants, régi par *une législation exceptionnelle et bienveillante* » !

Il ne s'agit pas de modifier notre loi civile. L'unique but que
l'on se propose est de rétablir la stabilité des partages d'ascendants, stabilité nécessaire à la propriété et qui est essentielle à la
paix des familles et aux progrès de l'agriculture, en un mot faire
renaître la confiance que cette institution doit inspirer aux tiers
qui traitent avec les copartagés.

Pour atteindre ce but, il faudrait réaliser d'abord les réformes
réclamées et votées par la grande enquête agricole de 1866. Les
voici :

1º Parmi les vœux les plus généralement exprimés dans l'enquête agricole et pris en considération, le rapport de M. le Com-
missaire général formule les suivantes :

« Favoriser les partages anticipés,

« Faire disparaître l'obligation de partage en nature et modifier
« dans ces sens les art. 826 et 832 du Code civil. »

En 1866, un projet de loi soumis au corps législatif contenait une
disposition à cet égard, et le rapporteur à l'enquête, M. Josseau,

(1) Réquier, ch. xɪ, *De l'utilité et de l'opportunité d'une réforme législative.*
(2) T. IVᵉ des *Circulaires,* p. 89 et 90.

explique que les mesures indiquées dans son rapport seraient la réalisation de l'idée qui avait inspiré ce projet de loi.

Pour éviter le fractionnement excessif de la propriété, il faut permettre au père de famille de composer des lots selon les aptitudes de chacun et leurs convenances, et de consacrer en droit ce qui se pratique en fait.

Le morcellement de la propriété, c'est-à-dire la division de la terre en parcelles d'une étendue restreinte et l'attribution de ces parcelles à des propriétaires différents, a été considéré dans l'enquête, dit le rapport de M. Josseau, député au Corps législatif, et ensuite par la Commission supérieure de cette enquête, comme essentiellement contraire à la prospérité de l'agriculture. Le principe, qui admet chaque copartageant à réclamer en nature sa part dans les immeubles et sa part dans les meubles, appliqué à toutes les successions, à toutes les familles, est un diviseur continu agissant sans cesse et agissant, comme tout fait absolu sans discernement. C'est en vain que le père de famille aura laborieusement rassemblé, cultivé et constitué un domaine d'une certaine étendue ; s'il laisse plusieurs enfants, la loi du partage condamne ce domaine à la division. A cette loi de division, rien ne peut être soustrait. Le père de famille, même en se dépouillant de son vivant, même en amassant pour maintenir l'égalité des valeurs mobilières équivalentes, ne peut prévenir la destruction de son œuvre. Ce que sollicite l'agriculture, ce n'est pas de porter atteinte à l'esprit général de nos lois sur les successions ; elle en demande au contraire le maintien. Elle voudrait, seulement, voir substituer l'égalité de valeur à la similitude des matières (1).

2° Dans les contestations relatives aux partages d'ascendants, pour cause de lésion ou d'atteinte à la réserve, dans les cas prévus par l'art. 1079 du Code civil, il y aurait lieu d'estimer les biens, d'après leur valeur, non pas à l'époque du décès de l'ascendant, mais à l'époque de la donation entre vifs contenant partage.

Il ne s'agit pas de changer le Code civil, mais d'en préciser le sens, en déclarant que les biens doivent être estimés, d'après leur valeur au moment de la donation et non pas d'après leur valeur au moment du décès. L'enquête de 1866, disait-on, ne pouvait admettre que cette égalité que le père de famille, dans un but très respectable, s'est efforcé de maintenir au moment de la donation, soit subordonnée à des événements ultérieurs que nul ne peut pré-

(1) Voir le projet de modification des art. 826, 827, 830 et 832 du Code civil. T. II de l'*Enquête agricole de 1866*, p. 211. (Imprimerie Nationale.)

venir ni empêcher. C'est à ce moment seulement que la fraude a
pu se pratiquer. La plus-value ou la dépréciation postérieure ne
doit point entrer en ligne de compte et ne saurait infirmer ce qui
a été fait régulièrement.

Dans la pratique, cette révocabilité éventuelle est non seulement
une cause légitime, mais aussi un prétexte de trouble. On a beau
faire les parts les plus égales possible, il y a toujours une petite
différence. Puis le temps amène, par la force des choses, comme
disait M. de Lavenay (1), de ces différences insensibles, apparentes
quelquefois plus que réelles, et lorsqu'en définitive la mort du
père survient dix-huit ans après, l'homme qui a fait mal ses
affaires, le fils animé d'un esprit de discussion, vient dire à ses
frères qu'il y a, à son préjudice, une lésion de plus du quart. On
conteste : le procès s'entame ; on fait l'estimation des biens. Si on
la fait au décès du père, il y a toutes les causes de trouble que
nous avons indiquées ; si on se reporte, pour la faire, à l'époque
de la donation, on ne trouve que les petites différences que nous
venons de signaler. Les demandes en nullité de partage pour
cause de lésion étaient uniquement fondées sur ce que les biens
n'avaient plus, à la mort du père, la valeur qu'ils avaient au
moment de la donation.

3° Il y aurait lieu de diminuer les délais de l'action en rescision
des partages entre vifs, pour cause de lésion, et de les fixer à deux
ans, mais à partir seulement du décès de l'ascendant donateur.

Pour le délai de l'action, qui est aujourd'hui de dix ans, et qui,
comme le disait dans l'enquête M. le Président de la Cour d'Agen,
peut frapper la propriété d'une incertitude fâcheuse, c'est à deux
ans qu'il faut le réduire, et ces deux ans doivent suffire, du jour
du décès du père de famille. « Les faire courir du jour du partage
« serait exposer les enfants à subir une crainte respectueuse ou
« les pousser à un procès qui compromettrait la dignité du père
« de famille. »

Dans la discussion du rapport, qui a eu lieu au sein de la
Commission supérieure de l'enquête agricole de 1866, on a
examiné d'abord s'il convenait d'abaisser les délais et ensuite dans
quelle proportion. Sur la première question, on a répondu oui à
l'unanimité. Sur le second point, on était divisé : les uns trouvaient qu'un délai de cinq ans était nécessaire ; d'autres soute-
naient que deux ans étaient plus que suffisants. C'est cette dernière opinion qui a prévalu et l'a emporté.

---

(1) Rapport à l'enquête agricole de 1866.

Une fois le père de famille mort, a-t-on dit, les héritiers sont parfaitement en état de savoir s'ils ont des griefs sérieux à faire
valoir contre le partage, ou s'ils n'en ont pas. Que le partage ait
été fait par testament ou par contrat entre vifs, il importe peu ; la
connaissance de la lésion, si lésion il y a, existe dans un cas
comme dans l'autre. L'intérêt économique de la stabilité de la propriété et celui du progrès agricole commandent des délais aussi
courts que possible. Le délai de deux ans est raisonnable. Il n'est
pas plus long, en matière de vente, lorsqu'il y a lésion des sept
douzièmes. « Par le fait du partage entre vifs, comme le procla-
« mait devant la Commission supérieure de l'enquête de 1866,
« M. Grenier, ministre de l'agriculture et du commerce, l'individu
« est mis en possession de la chose, il en jouit, il sait ce qu'elle
« vaut ; il peut estimer, par suite, la lésion, soit du quart, soit de
« la quotité disponible, suivant les circonstances. Il y a une sorte
« de minorité pour les individus participant aux partages entre
« vifs ; c'est le temps que dure la vie du père de famille. Ce délai
« de deux ans est toujours précédé d'un temps plus ou moins
« long, durant lequel les réflexions de chacun ont pu se produire ;
« seulement l'action est paralysée par le respect du père de famille,
« par la crainte révérentielle, crainte que, pour mon compte, je ne
« voudrais à aucun degré détruire. »

4° Enfin il serait très important, comme le demandait Réquier
en 1868 (1), de définir avec précision la nature, les effets et les
résultats de la nullité et de la rescission du partage, de déterminer
si l'acte est nul *ab initio* et de préciser notamment l'action auto-
risée par le 2ᵉ alinéa de l'art. 1079, relativement à l'atteinte portée
à la réserve. Contrairement à la doctrine, en effet, la Cour de cassation, comme nous l'avons vu, juge que cette atteinte n'entraine
pas la rescision totale du partage et ne donne lieu qu'à une simple action en réduction. On mettrait fin à cette controverse, « en
« donnant la sanction légale à l'interprétation de la Cour de cassa-
« tion, et il serait utile alors d'autoriser le défendeur à arrêter le
« cours de l'action en payant un supplément au demandeur. »

En finissant, signalons les dispositions du nouveau Code civil
allemand, d'après lesquelles le droit à la réserve se prescrit par
trois années, à partir du moment où l'ayant droit a eu connaissance
de l'ouverture de la succession et de la disposition qui lui porte
préjudice (art. 2332). Comme aussi le réservataire n'a le droit

(1) Voir Réquier, chapitre xi, pour les modifications proposées aux art. 1075 et
1080 du Code civil.

d'attaquer en annulation la disposition de dernière volonté, *qu'un an* à dater du jour où il a connaissance de la nullité (art. 2082). En France, au contraire, notre droit de réserve ne se prescrit qu'avec celui de la succession, c'est-à-dire par trente ans.

Comme dernière conclusion, formons le vœu que le Comité saisisse, dès qu'il le pourra, une occasion favorable et sollicite du Parlement les réformes si vivement réclamées depuis 1866. Ces réformes ne troubleront nullement le Code civil ; elles ne feront qu'en préciser le sens et auront pour résultat de ramener à son point de départ la grande institution des partages d'ascendants et de lui rendre toute la valeur que s'était proposée le législateur, qui dans son esprit voulait, avant tout, en faire un pacte de famille, un acte de paix et de concorde.

Pour arriver à ce but si désirable, le Comité ne restera pas isolé. S'inspirant des vœux de la grande enquête agricole de 1866, il aura avec lui la Société si puissante des agriculteurs de France. Il pourra facilement, il nous semble, intéresser à son œuvre le Crédit foncier, toujours disposé à venir en aide aux propriétaires d'immeubles.

Clause de réversibilité d'usufruit et de rente viagère dans les partages d'ascendants.

Le législateur, en réglementant les partages anticipés, n'a eu en vue que le dépouillement des ascendants donateurs, sans songer à l'équivalent cependant si naturel. Il n'a pas prévu que les actes de cette nature n'étaient pratiques qu'au moyen d'une réserve d'usufruit ou d'une rente viagère sur la tête des époux, qui se dépouillent conjointement de leurs biens au profit de leurs descendants.

Les père et mère, en faisant entre leurs enfants, le partage de leurs biens, ont évidemment le droit de se réserver l'usufruit des biens donnés ou bien une rente viagère. Chacun d'eux peut même faire cette réserve à son profit personnel ou en disposer au profit de son conjoint. Enfin cette réserve peut certainement faire entre eux l'objet d'une attribution réciproque et mutuelle. Si l'usufruit réversible ne porte que sur les biens propres de l'un des époux, la validité de la clause ne peut faire aucun doute. Mais, lorsque la réserve s'applique aux biens personnels des deux donateurs ou à leurs biens communs, c'est alors que naissent les difficultés. On s'est demandé quelle pouvait être la valeur d'une pareille réserve, si elle devait être maintenue comme condition *sine quâ non* de la disposition principale du partage d'ascendants ou si elle ne constituait pas plutôt une contravention à la prohibition de l'article 1097 du Code civil.

Aujourd'hui la doctrine et la jurisprudence sont généralement d'accord pour décider que les clauses de réversibilité d'usufruit ou de rente viagère, stipulées au profit du survivant des ascendants donateurs et *contenues dans un seul et même acte*, constituent des donations réciproques entre époux, radicalement nulles à leur égard d'après les dispositions de l'article 1097 du Code civil, prohibant entre époux toute donation mutuelle et réciproque par un seul et même acte.

Et cependant cette réversibilité est non seulement utile mais indispensable, surtout aux familles peu aisées, pour lesquelles les partages d'ascendants, ainsi que je l'ai constaté dans mon dernier rapport (1), sont les plus fréquents, et auxquelles les clauses de réversibilité rendent le plus de services. Car, comme l'a justement fait remarquer M. le conseiller d'État Dupré, dans son rapport au Conseil d'État des 15 et 17 avril 1886, dont nous allons parler, « le même usufruit, la même rente, « qui suffirait, mais avec peine, à faire vivre deux époux asso-« ciés, est le plus souvent nécessaire pour faire vivre seul le « survivant infirme ou malade, livré à des soins mercenaires par « la disparition de l'autre époux. »

Cette question de réversibilité, dont la clause est si fréquente dans les partages d'ascendants, puisqu'elle en est pour ainsi dire une partie essentielle et intégrante, est tellement complexe et délicate, que je n'ai pas la prétention de donner une solution définitive et encore moins de présenter une formule irréprochable et infaillible à insérer dans les actes. En effet, ainsi que l'a dit avec raison notre collègue Renault, tout le génie des hommes d'affaires les plus expérimentés échouerait dans cette tentative. Je me bornerai donc tout simplement à faire l'historique de la question, à résumer l'état de la jurisprudence et à présenter les diverses solutions adoptées dans la pratique.

Pendant les cinquante années qui ont suivi la promulgation du Code civil, la clause de réversibilité n'était considérée, avec justes raisons, que comme une condition et une charge parfaitement valables de la donation. La validité de cette clause ne semblait nullement douteuse. On chercherait en vain, dans les traités de doctrine et dans les recueils d'arrêts, « la moindre trace de cette difficulté, de nature à jeter un si grand trouble dans les transactions, et il est probable que l'on n'eût jamais songé à invoquer la nullité demandée aujourd'hui, si le fisc, qui voyait des droits considérables lui échapper, par des conventions dépendant les unes des autres et ne donnant par conséquent lieu qu'à une seule perception, n'eût réclamé. Les nécessités budgétaires ont fait examiner de près la question, et les clauses des partages anticipés produisant, pour les donateurs, les mêmes résultats que les donations

(1) Circulaire n° 258.

entre époux, on en a conclu que ces stipulations constituaient en effet des donations mutuelles entre époux. C'est tout ce que voulait l'administration des domaines (1) ».

De l'effet fiscal à l'effet légal, il n'y avait qu'un pas à franchir. Aussi la jurisprudence, mise en mouvement par des donataires de mauvaise foi et bien aise de se soustraire à des charges qu'ils trouvaient trop onéreuses ou d'une durée trop longue, ne tarda-t-elle pas à décider que ces clauses étaient en réalité des donations entre époux, qu'elles devaient tomber sous l'application de l'article 1097 et se trouver sans valeur légale. Remarquons cependant que, dans la première période de la jurisprudence, le plus grand nombre des décisions, qui ont donné lieu aux jugements et arrêts indiqués ci-après, provient non pas du défaut d'exécution du contrat par les parties intéressées, mais des difficultés résultant de la loi fiscale.

Ces clauses de réversibilité sont-elles de simples charges et conditions de l'acte de donation-partage, imposées par chacun des donateurs aux donataires, et comme telles parfaitement valables et même dispensées de tous droits de mutation ?

Oui ! répondent les cours de Poitiers (arrêts des 10 juin 1851 et 10 février 1861), de Nîmes (arrêt du 16 décembre 1865), de Nancy (arrêts du 6 mars 1879 et 11 juin 1887), les tribunaux de Bayeux (jugement du 12 mars 1869) et de Pontoise (jugement du 19 juin 1883).

Ces décisions judiciaires sont basées sur ce principe que chaque époux stipule pour lui et impose à ses enfants l'obligation de lui laisser, en cas de survie, l'usufruit des biens donnés par son conjoint.

Mais, répond-on, il n'est pas exact de dire que les deux époux donateurs agissent isolément. Avant de procéder à la donation-partage, ils ont décidé entre eux que le survivant aurait la jouissance de la totalité des biens donnés, et, sans l'espérance de cette jouissance, aucun des deux n'aurait consenti. Ils apportent donc leur concours et leur consentement à toutes les conditions du contrat et spécialement à la condition de réversibilité. La loi, ajoute-t-on, autorise les époux à se faire des donations pendant le mariage, mais à la condition que ce ne soit pas par un seul et même acte que la donation soit toujours révocable et réductible, la quotité disponible ne pouvant être dépassée. On ne saurait, sous peine

(1) Pétition au Sénat et à la Chambre des députés de notre collègue Renault, notaire à Châteaudun, du 23 octobre 1883.

de nullité, déroger à ces conditions qui sont d'ordre public.

C'est la thèse soutenue par la plupart des auteurs et la juris-prudence, notamment par les tribunaux d'Amiens (jugement du 21 septembre 1851), de la Seine (jugement du 1er février 1878), les cours d'Amiens (arrêt du 10 novembre 1853), d'Agen (arrêt du 21 novembre 1860), de Dijon (arrêt du 25 août 1879), de Paris (arrêt du 20 février 1884), et par la Cour de cassation (arrêts des 26 mars 1855, 14 novembre 1865, 26 juillet 1869 (trois arrêts du même jour) et 19 janvier 1881, cassant l'arrêt précité, de Nancy, du 6 mars 1879.

Quant à l'étendue et quant aux effets de la nullité de la clause de réversibilité, la cour d'Amiens est allée jusqu'à décider que cette nullité de la clause accessoire entraînait celle de la donation-partage, dont elle était la condition essentielle, par la raison que cet acte formait un tout indivisible et qu'il n'était pas permis d'en scinder les parties. Cette théorie n'a heureusement pas prévalu devant la Cour de cassation, qui, par deux arrêts des 26 mars 1855 et 25 février 1878, a décidé que la clause de réversibilité doit simplement être considérée comme non écrite, en vertu de l'ar-ticle 900 du Code civil.

Jusqu'à présent, il n'a été question que de réversibilité d'usu-fruit. Les solutions et décisions sont-elles les mêmes, lorsqu'il s'a-git d'une rente viagère, stipulée comme charge d'une donation-partage et réversible pour la totalité et sans réduction au profit du survivant des deux époux ? Quelques auteurs, comme Paul Pont (1), soutiennent qu'il y a là une convention aléatoire acces-soirement liée au partage, et qui, à raison de sa nature, présente la plus grande analogie avec la rente viagère, stipulée réversible dans un contrat à titre onéreux proprement dit. — Suivant d'autres auteurs, notamment Aubry et Rau (2), la règle prohibi-tive de l'article 1097 est applicable à la rente viagère, bien qu'elle ne constitue, comme l'article 968, qu'une condition de forme et mal-gré l'article 1973. Ce dernier article, dans lequel le législateur n'a eu évidemment en vue que la simple constitution d'une rente via-gère, ne saurait, à raison de la nature exceptionnelle de sa dispo-sition, être étendu aux constitutions mutuelles et réciproques, ni déroger, en ce qui les concerne, à la prohibition de l'article 1097. C'est l'opinion qui prévaut en doctrine et en jurisprudence. Et c'est ce qu'a décidé récemment la cour de Paris, par arrêt du

(1) *Petits contrats*, t. Ier, p. 356.
(2) T. VII, § 743, note 14, p. 102.

23 juillet 1900, qui assimile la réserve d'une rente viagère à l'équi-valent d'un revenu d'usufruit.

La Cour de cassation, ainsi que nous l'avons vu, n'a jamais varié dans sa doctrine. En 1855, elle n'hésite pas à frapper du droit fiscal la clause de réversibilité d'usufruit. Bien que quelques Cours d'appel aient cherché à soustraire ces clauses au caractère de libéralité mutuelle, la Cour régulatrice s'y est toujours re-fusée. En 1865 et en 1869, trouvant dans des donations-partages certaines précautions, imaginées pour tourner la loi fiscale et l'article 1097, elle déclare, après le tribunal de Saint-Quentin, « ces combinaisons peu sérieuses et uniquement suggérées par une pensée de dissimulation ». En 1878 la Chambre des requêtes maintient encore, dans un arrêt de rejet du 23 février pour dé-faut d'intérêt, une jurisprudence qui chaque jour s'affirme da-vantage. — Enfin, en 1881, la Chambre civile la confirme une dernière fois, en cassant un arrêt de la cour de Nancy de 1879, dans des termes qui se réduisent à ce motif unique : la clause est contraire à l'article 1097, qui est une règle d'ordre public et ne reçoit aucune exception dans la loi. C'était implicitement re-connaître la nécessité de compléter cet article 1097 et de com-bler les lacunes de la loi. Dans cet arrêt du 19 janvier 1881, la Cour suprême conclut, et cela est important pour le notariat, que les époux « ne pouvaient se donner l'un à l'autre l'usufruit réservé, *que par des actes séparés* ». — On attend encore une décision des Chambres réunies.

Cette persistance de la jurisprudence de la Cour de cassation, depuis le début de la question, c'est-à-dire depuis 1855, nous em-pêche malheureusement d'espérer un changement pour l'avenir.

Ces considérations et surtout l'arrêt du 19 janvier 1881 émurent à juste titre le notariat tout entier. Le Comité, toujours soucieux des intérêts du public, s'occupa activement de cette question d'une si grande importance pratique. En 1881, l'Assemblée générale des délégués du 26 octobre vota, sur le rapport de MM. Maireau et Duval, le texte du projet d'addition d'un second alinéa à l'article 1097, défendant aux époux de se faire aucune donation mutuelle et réciproque par le même acte. Ce paragraphe additionnel serait conçu dans les termes suivants :

« Néanmoins, dans les actes de donation entre vifs, contenant
« partage conformément aux articles 1075 et suivants, les époux
« donateurs auront la faculté de réserver à leur profit et au profit du
« survivant, comme condition de leur donation, soit l'usufruit de
« la totalité des biens donnés, soit une rente viagère non réduc-

« tible au décès du premier mourant, soit d'autres avantages.
« Ces dispositions ne seront pas révocables, mais pourront être
« réduites à la quotité disponible entre époux. »

C'était simple, pratique et facile à réaliser, avec un peu de bonne
volonté de la part du législateur.

Le Comité reçut mission de saisir une occasion favorable pour
porter la question devant le Parlement. Depuis, il n'a cessé d'ap-
peler l'attention du notariat sur la nécessité, en attendant la modification législative, de changer les anciennes formules, et pendant plusieurs années cette question fut mise à l'ordre du jour
des assemblées. La responsabilité notariale pouvait être engagée ;
car, aujourd'hui, il est difficile de considérer la question de réversibilité comme douteuse et controversée. Aussi ne citerons-
nous que pour mémoire un jugement de Fontainebleau du
14 août 1901, confirmé par arrêt de la cour de Paris du 12 mars
1903, déclarant non responsable un notaire qui, dans un partage
d'ascendants reçu en 1888, avait inséré une clause de réversibilité.

En 1883, le 3 octobre, notre collègue Renault, notaire à Châteaudun, s'inspirant des idées et des travaux du Comité, prit l'ini-
tiative d'adresser au Sénat et à la Chambre des députés une pétition très documentée. Dans cette étude, il fait ressortir les dangers
créés par les nouvelles décisions judiciaires, l'utilité des partages
d'ascendants, constate l'inefficacité des diverses combinaisons
proposées et conclut en demandant qu'il soit ajouté à l'article
1907 le paragraphe suivant :

« Les réserves d'usufruit ou de rente viagère, stipulées en faveur
« du survivant des donateurs dans les donations à titre de par-
« tage anticipé et comme condition de ces donations, ne sont pas
« soumises à cette prohibition. »

Dans ce projet, comme l'ont fait remarquer les rapporteurs dans
l'Assemblée générale du 27 octobre 1886, la révocation et la réduction des dispositions en usufruit et en rente viagère sont
passées sous silence, et cette lacune souleva de la part du Conseil
d'État des critiques, relativement aux conséquences et à l'efficacité de la proposition (1). Dans le projet du Comité, au contraire,
ces questions importantes étaient prévues et tranchées.

La Commission, nommée par la Chambre des députés pour
l'examen de la pétition de M. Renault, conclut *à l'unanimité* au
renvoi de la pétition à M. le garde des sceaux, ministre de la justice, en l'invitant à présenter un projet de loi qui validerait la

(1) Circulaire du Comité, n° 199, t. VIII, p. 253.

clause de réversibilité. M. le Ministre de la justice renvoya l'examen de la question à la section de législation du Conseil d'État et
M. le conseiller d'État Paul Dupré fut chargé de présenter, au
nom de cette section, un rapport à l'appui d'un projet d'avis.

Le rapport de M. Dupré fut déposé les 15 et 17 avril 1886 et ses
conclusions négatives furent malheureusement adoptées par le
Conseil d'État.

Dans ce rapport, il semble que la partie la plus importante de
la question, le côté législatif, n'a pas été traitée d'une manière
aussi remarquable que le côté juridique. Aussi nous permettrons-
nous de regretter avec nos rapporteurs « que l'honorable con-
« seiller, avec cette science du droit, cette sagacité pénétrante et
« cette faculté d'investigation, qui éclatent dans son mémoire,
« n'ait pas attaqué le problème de front et dans son ensemble, en
« y apportant les vives lumières de sa haute intelligence. Car il ne
« s'agit pas seulement d'examiner la loi et d'en faire ressortir les
« difficultés pratiques, mais surtout de chercher le moyen de la
« compléter en faisant disparaître ces difficultés. C'est le côté
« législatif de la question et il importe de ne pas le laisser dans
« l'ombre (1) ».

Il est à regretter, en outre, que le savant rapporteur Dupré ait
cru voir dans ces clauses de réserve d'usufruit et de rente
viagère, d'une nécessité cependant si absolue pour l'existence des
donateurs, que des stipulations machinées par eux dans le but
d'exploiter leurs enfants, qu'il ait manifesté la crainte que les
parents, pour s'assurer dès avantages excessifs, n'usent de mena-
ces envers leurs enfants et ne fassent passer leur intérêt personnel
avant l'affection paternelle. Ces sentiments contre nature ne peuvent être que de rares exceptions et de véritables monstruosités.
N'est-il pas à craindre que cette manière de voir, en opposition
avec la vérité, n'ait eu beaucoup d'influence sur les conclusions
du rapporteur ? Le Conseil d'État, en rejetant, conformément à
ces conclusions, l'innovation législative proposée, n'a-t-il pas trop
plané dans les hauteurs de la théorie et refusé de pénétrer assez
profondément dans l'examen des faits de la pratique journalière ?
C'étaient déjà les craintes et les idées de nos collègues rapporteurs,
Maireau et Laffrat. Ce sont également les nôtres.

Quoi qu'il en soit, voici les conclusions et règles posées par le
rapporteur Dupré et le Conseil d'État.

La clause de réversibilité est valable et mérite toute faveur,

_____

(1) Rapport de MM. Maireau et Laffrat. Circulaire n° 202, t. VIII, p. 395 à 419.

lorsqu'elle ne constitue qu'une charge alimentaire, ce qui arrive toutes les fois que l'époux bénéficiaire ne recueille sur les biens de son conjoint qu'une part de jouissance inférieure à celle qu'il aura lui-même abandonnée sur ses biens personnels. Si, au contraire, la réserve d'usufruit, réversible sur la tête du survivant, constitue pour les donateurs un avantage tel, que l'acte principal n'a plus de la donation que la forme et le nom, la clause constitue une donation mutuelle et réciproque entre époux, tombant sous le coup des art. 1096 et 1097 du Code civil. Il n'appartient qu'aux tribunaux, conclut le Conseil d'Etat, « de reconnaître sur chaque « espèce, d'après l'ensemble des dispositions du partage et en « tenant compte de l'importance respective des avantages que les « époux y concèdent et de ceux qu'ils s'attribuent, les cas où les « deux articles s'appliquent ou ne s'appliquent pas. »

Quant à la rente viagère, il faut, pour qu'il n'y ait pas libéralité, que son taux ne soit pas supérieur à celui que l'époux aurait obtenu d'un étranger pour son bien personnel (1).

Voilà des décisions bien arbitraires, qui ne sont basées sur aucune nécessité pratique. Le Conseil d'Etat, tout en prétendant mesurer le bénéfice du survivant à son sacrifice, ne tient aucun compte, quand il s'agit d'usufruit, de la valeur de la nue propriété des biens donnés qui, cependant, est transmise. Voilà la validité des partages anticipés soumise à l'appréciation des juges de fait.

Il ne s'agissait pas seulement d'étudier la loi, de l'analyser, d'en faire ressortir les difficultés d'application que nous ne connaissons que trop, et d'en signaler les fissures. Que demandait dans sa pétition notre collègue Renault ? Que réclamait et que sollicite encore aujourd'hui le notariat tout entier ? C'était de combler une lacune de la loi sur les partages d'ascendants, de chercher le moyen de la compléter, en faisant disparaître les difficultés signalées. Et pour atteindre ce but, il suffisait de l'addition d'un simple alinéa à l'art. 1097, addition qui n'aurait nullement troublé les dispositions du Code et n'aurait fait qu'interpréter les idées du législateur.

Disons avec nos collègues Maireau et Laffrat, que, « si le savant « rapporteur du Conseil d'Etat et le Conseil d'Etat lui-même « s'étaient placés à ce point de vue, leurs résolutions eussent été « peut-être différentes. Quant à nous, nous obéissons à une con- « viction profonde, basée sur les nécessités pratiques, en appelant

---

(1) *Revue du Notariat et de l'Enregistrement*, année 1886, nᵒˢ 7416 et 7429.

« de la décision du Conseil d'Etat au pouvoir législatif et au Con-
« seil d'État lui-même. »

Il reste à traiter la question des formules.

En présence des décisions judiciaires, qui se multipliaient sur
cette question de réversibilité d'usufruit et toujours dans le sens
de la nullité, le notariat et les auteurs ont cherché à tourner la
difficulté.

On a d'abord essayé d'assurer l'usufruit au survivant des ascendants donateurs, en faisant réserver par chaque donateur l'usufruit pendant sa vie des biens donnés, comme condition de la
donation et en lui faisant céder et abandonner par ses enfants
l'usufruit, aussi pendant sa vie, des biens donnés par l'autre
époux. On ajoutait même que l'usufruit du survivant ne com-
mencerait à courir que quelques jours après le décès du premier
mourant.

Cette combinaison a été condamnée par la Cour de cassation,
qui, par quatre arrêts des 14 novembre 1865 et 26 juillet 1869
(3 arrêts du même jour) a déclaré que ces clauses constituaient
une libéralité entre époux et ne pouvaient être considérées comme
une dépendance et une condition de la donation faite aux
enfants.

Des auteurs (1) conseillèrent de faire :

1º Deux actes séparés, par lesquels les époux se feraient récipro-
quement donation de l'usufruit de leurs biens ;

2º Et un troisième acte, contenant le partage entre vifs de la
nue-propriété, en réservant l'usufruit pendant la vie et jusqu'au
décès du dernier mourant des donateurs et avec mention expresse
de la réserve faite à ce sujet par les ascendants donateurs, de l'effet
des actes de donation entre époux passés précédemment.

Ce système, ainsi que l'a constaté Me André (2), a l'inconvénient, d'abord, de soumettre l'époux survivant au payement des
droits de mutation par décès sur l'usufruit, même au cas de
renonciation ; car la donation, bien que révocable, se trouve
exécutée par le partage (Cassation, 27 juin 1837). Ensuite la
nullité de cette combinaison peut être invoquée comme pacte sur
succession future.

Comme correctif, M. André propose de faire :

1º D'abord l'acte de partage entre vifs, avec réserve, comme

(1) Clerc., *Form.*, p. 686. — Rolland de Villargues, *Jur. not.*, 10538.
(2) *Traité des partages d'ascendants*, p. 72.

condition de la donation, par chacun des donateurs à son profit, pendant sa vie et celle de son conjoint, de l'usufruit des biens par lui donnés, pour en disposer comme il avisera ;

2° Ensuite deux actes séparés, par lesquels les époux se font donation de cet usufruit.

C'est également le système préconisé par le Comité. La formule proposée par lui repose sur les mêmes données et contient en plus la stipulation, dans les partages d'ascendants, que l'usufruit réservé ne se réunira à la nue propriété qu'au décès du dernier mourant des donateurs (1).

Ce mode simple de procéder, dont on ne peut cependant pas garantir la complète efficacité et sûreté, offre néanmoins les plus grands avantages. C'est le seul que l'on puisse conseiller, jusqu'à ce que l'on trouve mieux. En séparant l'acte de partage des donations entre époux, on respecte les trois conditions essentielles de ces donations, que nous avons indiquées et qui sont : acte séparé, révocabilité et réductibilité de la donation entre époux. De plus la Cour de cassation semble approuver ce mode de procéder, par l'un des considérants de son arrêt du 19 janvier 1881, ainsi conçu : « Attendu que chacun des époux, usant de la faculté accordée par « l'art. 949 du Code civil, a pu, dans la donation-partage faite à « leurs enfants se réserver l'usufruit des biens donnés, ils ne « pouvaient se donner l'un à l'autre l'usufruit réservé, *que par* « *des actes séparés.* »

Lorsqu'il s'agit de petites fortunes et quand la situation peu aisée des ascendants donateurs le comporte, mais dans ce cas seulement, le Comité, dans sa Circulaire du 30 novembre 1881, propose de convertir l'usufruit en une pension alimentaire, conformément à l'art. 205 du Code civil (2). Seulement il faut que cette clause réponde à l'intention des parties, ce qui dans les campagnes peut se présenter assez souvent.

Enfin, s'il s'agit d'une simple rente viagère, on peut procéder ainsi : chacun des deux époux donateurs stipule que, comme condition de sa donation personnelle, leurs enfants donataires lui feront une rente viagère du chiffre total voulu jusqu'au jour de son décès et que, pendant leur vie commune, chacune des deux rentes ne sera que de la moitié de la rente totale fixée. Seulement, pour procéder ainsi, il faut que la rente viagère soit approximativement en proportion avec la valeur des biens donnés. S'il y

(1) Voir Circulaires du Comité n° 175. T. VI. p. 317, et n° 199. T. VIII. p. 255.
(2) Voir Circulaire n° 175, t. VI, p. 316.

avàit disproportion entre le montant de la rente, dont profite le survivant, et la valeur de ses biens, n'est-il pas à craindre que l'on puisse voir dans ces stipulations une libéralité déguisée, une combinaison détournée tombant sous le coup de l'art. 1097, comme l'a jugé la Cour de cassation par ses arrêts des 14 novembre 1865 et 26 juillet 1869 ? Ce danger est d'autant plus sérieux que, par une solution du 3 novembre 1875, la Régie a décidé que, dans le cas de disproportion entre la valeur de la rente et celle des biens donnés, la stipulation ne serait plus considérée comme une condition de la donation et donnerait au contraire ouverture au droit de mutation par décès.

Plusieurs autres combinaisons ont été proposées. Je n'en cite que quelques-unes pour mémoire.

Garnier, dans son répertoire, sous le n° 6704, propose deux donations séparées, l'une par le père, l'autre par la mère. Dans chacune d'elles, le donateur se réserve l'usufruit de ses biens et impose aux donataires la condition de lui laisser l'usufruit pendant sa vie de tous les biens qui leur seraient donnés par l'autre époux. Intervient ensuite, entre les enfants, le partage des biens donnés par les deux ascendants, avec indication que la jouissance divise ne commencera qu'au décès du survivant des père et mère. Garnier recommande que les actes soient isolés à plusieurs jours d'intervalle. Ce mode de procéder a le grave inconvénient d'être impraticable, quand, parmi les enfants, il se trouve des mineurs ou des incapables, ce qui est fréquent.

Enfin, on a proposé de faire consentir directement par les donataires la condition de réversibilité. Les donataires font l'abandon, à titre de pension alimentaire, au profit du survivant des époux donateurs, de l'usufruit viager revenant aux donataires au décès du prémourant. De cette façon il ne peut y avoir, dit-on, de donation mutuelle, puisque, en admettant qu'il y ait une libéralité, ce sont les enfants qui sont donataires (1).

Ces moyens, quelque ingénieux qu'ils puissent être, ne sauraient nous donner complète satisfaction. Nous ajouterons même que plus ils seront ingénieux et savamment combinés, plus ils tomberont sous la censure de la Cour de cassation, qui ne verra dans ces clauses et formules que des combinaisons détournées pour violer l'art. 1097, comme elle l'a déjà décidé en 1865 et en 1869.

Nous ne suivrons pas davantage l'avis de M. le conseiller d'État Dupré, qui, faisant appel au notariat, lui recommande « d'entou-

(1) Voir dissertation et formule, Defrénois, 15 avril 1903, art. 13019.

rer de sages conseils les auteurs des partages et de les amener à proscrire de ces pactes de famille toute clause propre à dénaturer le pacte et à le faire tourner à leur profit ». Nous ne partagerons pas non plus ses illusions, quand il soutient que, tout se résumant à des questions de fait, une campagne judiciaire ramènerait vite la jurisprudence sur le terrain de fait, qu'elle n'aurait pas dû quitter.

Pour conclure, nous ne voyons, pour l'avenir, qu'une solution possible et pratique, celle que nous avons déjà indiquée, le complément de l'art. 1097. En comblant cette lacune, le législateur ne modifiera nullement les principes du Code civil. Il fera simplement œuvre utile d'interprétation législative. En effet, comme on l'a dit avec raison, peut-on assimiler les pactes de famille, portant le nom de partages anticipés et faits le plus souvent pour assurer l'existence des ascendants donateurs, à des donations révocables au gré de l'une des parties? Personne n'a jamais osé le soutenir. Les motifs qui ont fait prohiber les dispositions mutuelles entre époux par un seul et même acte, ne peuvent s'appliquer au partage d'ascendant, ni même à la clause de réversibilité, qui n'en est qu'une condition accessoire. Dans l'art. 1097, qui n'a d'autre but que « de rendre *les époux plus indépendants* », il ne s'agit que de libéralités révocables au gré des disposants. Nous ne retrouvons rien de tout cela dans le partage entre vifs, qui, contrairement à la donation entre époux, produit immédiatement ses effets.

Clause de réversibilité dans les partages anticipés.
Complément de l'article 1097 du code civil.

Nécessité de la réforme. — Les art. 1075 et 1076 du Code civil permettent aux père et mère et autres ascendants de faire, entre leurs enfants et descendants, par acte entre vifs, le partage et la distribution de leurs biens. Le plus souvent ces abandons anticipés contiennent, comme condition de la donation, réserve d'une rente viagère ou de l'usufruit des biens donnés, — réversible sur la tête du survivant des donateurs.

Lorsque cette réserve s'applique aux biens personnels des deux donateurs ou à leurs biens communs, comme cela a lieu habituellement, c'est alors que naissent les difficultés. Elles proviennent de la prohibition de l'art. 1097 du Code civil, défendant aux époux de « se faire pendant le mariage, ni par acte entre vifs, ni par testament, aucune donation mutuelle et réciproque par un seul et même acte ».

Et, cependant, cette réversibilité de l'usufruit et de la rente viagère, sur la tête de l'époux survivant, est non seulement utile mais indispensable, surtout aux familles agricoles et peu aisées, chez lesquelles les partages d'ascendant sont les plus fréquents et auxquelles les clauses de réversibilité rendent le plus de services. Car, ainsi que l'a très justement fait remarquer M. le conseiller d'État Dupré, dans son rapport au Conseil d'Etat des 15 et 17 avril 1886 sur la question qui nous occupe, « le même usufruit, la même « rente viagère, qui suffirait, mais avec peine, à faire vivre « deux époux associés, est le plus souvent nécessaire pour faire « vivre seul le survivant infirme ou malade, livré à des soins mer- « cenaires par la disparition de l'autre époux. »

Pendant les cinquante années qui suivirent la promulgation du Code civil, les clauses de réversibilité fréquemment employées étaient, avec raison, considérées comme de simples charges et conditions de l'acte de donation-partage, imposées par chacun des donateurs et comme telles parfaitement valables. On dispensait même ces stipulations de tous droits de mutation.

En 1855, la Cour de cassation, par un arrêt du 26 mars, n'hésita pas à frapper du droit fiscal la clause de réversibilité d'usufruit. Bien que plusieurs Cours d'appel aient cherché à soustraire ces stipulations au caractère de libéralité mutuelle, la Cour régulatrice s'y refusa toujours. — De l'effet fiscal à l'effet légal, il n'y avait qu'un pas à franchir. Aussi la jurisprudence, mise en mouvement par les difficultés de la loi fiscale, ne tarda pas à décider, par de nombreux arrêts, que ces clauses de réversibilité étaient en réalité des donations entre époux, tombant sous l'application de l'art. 1097 et se trouvant sans valeur légale. La Cour de cassation persista dans sa jurisprudence, en déclarant que la clause de réversibilité était contraire à l'art. 1097, qui est une règle d'ordre public et ne reçoit aucune exception dans la loi. N'était-ce pas implicitement reconnaître la nécessité de combler les lacunes de la loi et de compléter cet art. 1097 ?

Pour tourner la difficulté, plusieurs combinaisons furent proposées. Mais plus les moyens sont ingénieux, plus ils sont exposés à la censure de la Cour de cassation, qui ne voit dans les clauses et formules adoptées, que des combinaisons « *peu sérieuses et détournées* » pour violer l'art. 1097, comme elle le décida par des arrêts en 1865 et 1869.

En 1886, le Conseil d'Etat, saisi, sur pétition, d'une proposition de modification de l'art. 1097, la repoussa sur les conclusions de M. le conseiller Dupré, rapporteur. Se plaçant uniquement sur le terrain juridique, il critiqua les conséquences et l'efficacité de la proposition, qui, disait le rapport, avait le défaut de passer sous silence la révocation et la réduction des dispositions en usufruit et en rente viagère.

En envisageant simplement aujourd'hui, comme nous le lui demandons, le côté législatif, qui, en 1886, avait été laissé de côté, au profit du côté purement juridique, le Conseil d'Etat ne se déjugerait pas, s'il adoptait, ainsi que nous allons le proposer, l'addition d'un simple alinéa à l'art. 1097. En effet, pour faire disparaître les difficultés signalées et rendre toute leur efficacité aux partages anticipés, si utiles et même si nécessaires aux classes laborieuses et peu aisées, il suffit simplement, en interprétant les intentions du législateur, de combler une lacune de la loi sur les partages d'ascendant. — L'addition proposée ne troublerait en aucune façon les principes du Code civil ni son harmonie si précieuse. Le législateur, en édictant l'art. 1097, qui n'a d'autre but que « de rendre les époux plus indépendants », n'a eu évidemment en vue que les libéralités révocables au gré des disposants et nullement les pactes de famille, portant le nom de partages anticipés. Ces pactes, contrairement aux donations entre époux, produisent immédiatement leurs effets et ne sont pas des donations révocables au gré de l'une des parties.

Proposition. — Nous proposons donc de compléter l'art. 1097, ainsi conçu : « Les époux ne pourront, pendant le mariage, se « faire, ni par acte entre vifs, ni par testament, aucune donation « mutuelle et réciproque par un seul et même acte », par l'alinéa suivant :

« Toutefois, cette prohibition ne s'étendra pas aux avantages « réciproques et mutuels, soit en usufruit, soit en rente viagère, « contenus dans tous actes faits conformément aux art. 1075 et « suivants. Ces avantages ne seront pas révocables. »

Ou bien la formule suivante votée le 26 octobre 1881 en assemblée générale :

« Néanmoins, dans les actes de donation entre vifs, contenant par- « tage conformément aux art. 1075 et suivants, les époux donateurs « auront la faculté de réserver à leur profit et au profit du survi- « vant, comme condition de leur donation, soit l'usufruit de la to- « talité des biens donnés, — soit une rente viagère non réductible « au décès du premier mourant, soit d'autres avantages. Ces dispo- « sitions ne seront pas révocables. »

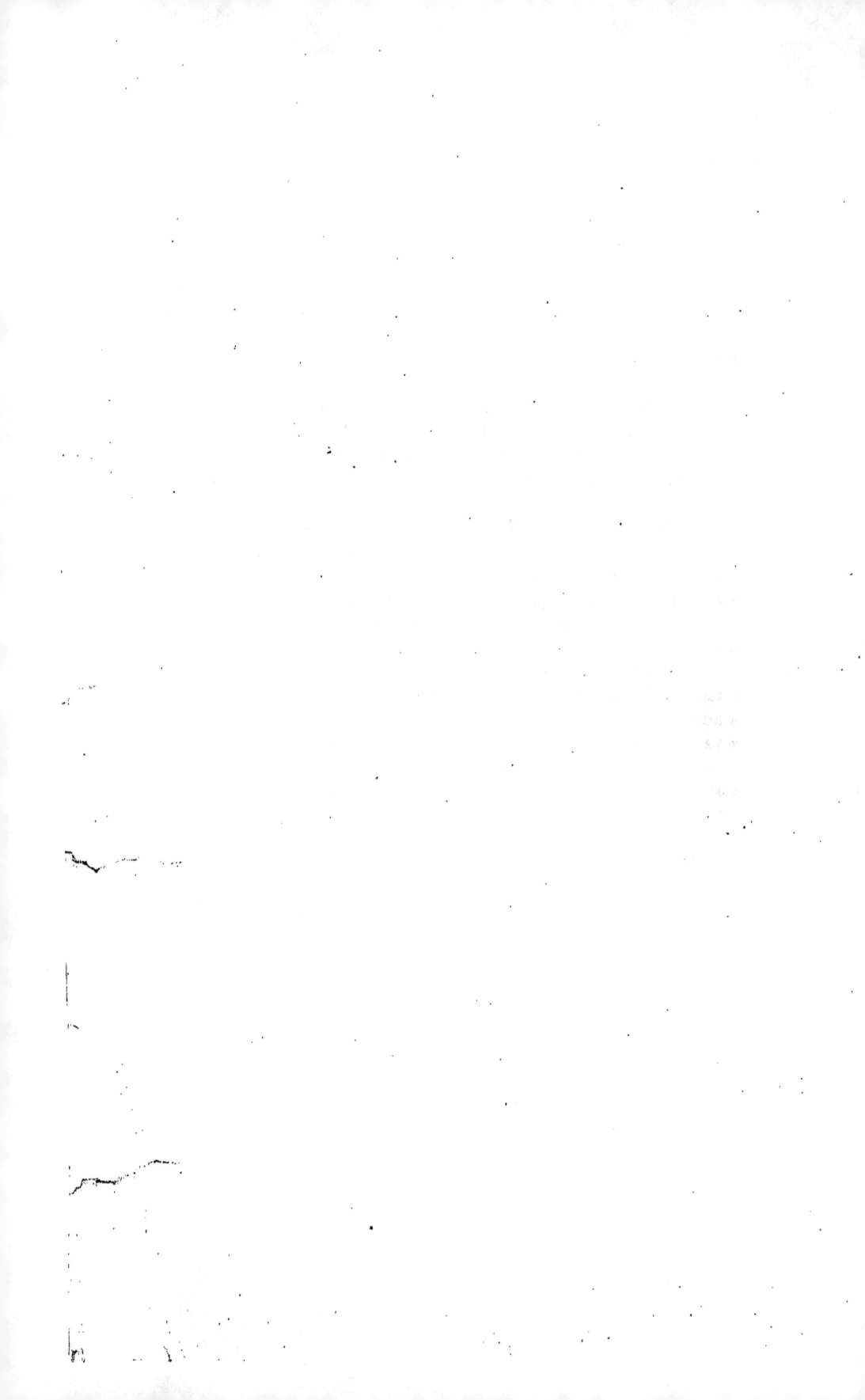

www.ingramcontent.com/pod-product-compliance
Lightning Source LLC
Chambersburg PA
CBHW071409200326
41520CB00014B/3364